JN007725

消費税
課否判定要覧

第5版

税理士 福田浩彦　　税理士 相澤　博
税理士 二宮良之

第５版刊行にあたって

令和５年10月１日から、複数税率に対応した消費税の仕入税額控除の方式として、「インボイス制度（適格請求書等保存方式）」が始まることになっています。第５版では、上記改正等に基づく改訂を行いました。

令和５年８月

編　者

はじめに

近年のIT化に伴い、会計事務所や企業の経理部門においても、会計ソフトを用いて、会社の決算書を作成することが当たり前になりました。会計ソフトに仕訳を入力していけば、総勘定元帳や残高試算表が自動的に作成され、最終的に決算書まで出来上がってしまいます。

しかし、消費税は、課税売上げに係る消費税額から課税仕入れ等に係る消費税額を控除して、納付する消費税額を計算します。そして、その計算においては、それぞれの取引が、「課税」「免税」「非課税」「不課税」のどれに該当するかを正確に区分することが、非常に重要になります。

また、昨今の税収不足を鑑みたとき、今後の安定的な税収を確保するために、消費税は極めて重要な税目といえ、実務における比重も増してくるのではないかと考えられます。

そこで本書は、会計事務所や企業の経理部門をはじめ、消費税の実務に携わる方のため、損益計算書、貸借対照表等の勘定科目ごとに各取引の具体的事例を示し、「課税」「免税」「非課税」「不課税」の頭文字をアイコン化することにより、一目で課否判定ができるように工夫しました。また、判定の根拠法令・通達番号を示すとともに、一部租税判例も収録し、より詳しく調べる際の一助としました。

本書が、読者の皆様方の業務において、少しでもお役に立てれば幸いです。

平成23年１月

編　者

凡　例

本書において使用した省略用語は、それぞれ次のとおりです。

＜判　定＞

課 …… 課税

軽減 …… 課税のうち軽減税率

免 …… 免税

非 …… 非課税

不 …… 不課税

＜参照法令＞

消法……消費税法
消令……消費税法施行令
消規……消費税法施行規則
消基通…消費税法基本通達
法法……法人税法
法令……法人税法施行令
所法……所得税法
所令……所得税法施行令
措法……租税特別措置法
定率法…関税定率法
輸徴法…輸入品に対する内国消費税の徴収等に関する法律

消法２①八の三…消費税法第二条第一項八号の三
別表第一－一…消費税法別表第一 一号

※本書は、令和５年８月10日現在の法令・通達に基づいています。

目　次

第１章　消費税の概要

第２章　消費税　課否判定表

1　損益計算書科目

第 1 章

消費税の概要

消費税とは

消費税はモノの消費などに対して広く薄く課税

消費税は、酒税やたばこ税のように特定の物品やサービスに課税する「個別消費税」とは異なり、原則として国内におけるすべての商品の販売、サービスの提供に対して課税されている。また、輸入取引に関しても、国内で消費することを目的としていることから、課税することとしている。

このように、消費税は消費に広く薄く負担を求めるという観点から、「一般消費税」と呼ばれている。

消費税は間接税

直接税 … 税の負担者と納税者が同一である税金
間接税 … 税の負担者と納税者が異なる税金

【図　解】

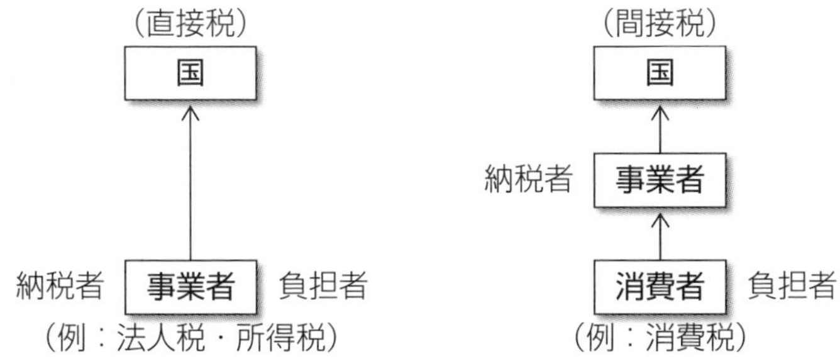

消費税の税率は10%

消費税の税率は、令和元年10月１日以後は８％から10％へ引き上げられ、この税率引上げと同時に、消費税の軽減税率制度が実施されている。

消費税の税額計算は、先に国税（7.8％）部分を計算し、国税（7.8％）部分を基に地方税（2.2％）部分を計算することとなる。

	平成９年４月１日～平成26年３月31日	平成26年４月１日～令和元年９月30日	令和元年10月１日～	
			標準税率	軽減税率
合計税率	５％	８％	10％	８％
消費税（国税）	４％	6.3％	7.8％	6.24％
地方消費税	１％ （国税の25/100）	1.7％ （国税の17/63）	2.2％ （国税の22/78）	1.76％ （国税の22/78）

消費税法上の「売上げ」と「仕入れ」

消費税法における「売上げ」は、会計における売上げより広い概念であり、棚卸資産に限らず、資産等を売却すればすべて「売上げ」となる。したがって「収入」と同義と考えることができる。「売上げ」のうち消費税が課税されるものを「課税売上げ」という。

また、「仕入れ」についても、棚卸資産に限らず、資産等を購入すれば、すべて「仕入れ」となる。したがって「支出」と同義と考えることができる。「仕入れ」のうち消費税が課税されるものを「課税仕入れ」という。

納付税額の計算

消費税は、事業者に負担を求めるものではなく、事業者の販売する商品やサービスの価格に税額を上乗せさせて、最終的には商品などを消費した者が負担するものである。その流通の過程の各段階で二重三重に消費税が課税されないように、各々の事業者は「売上先から預かった消費税額」から「仕入先に支払った消費税額」を差し引いて「納付税額」を計算し、納めることとなる。

【図 解】

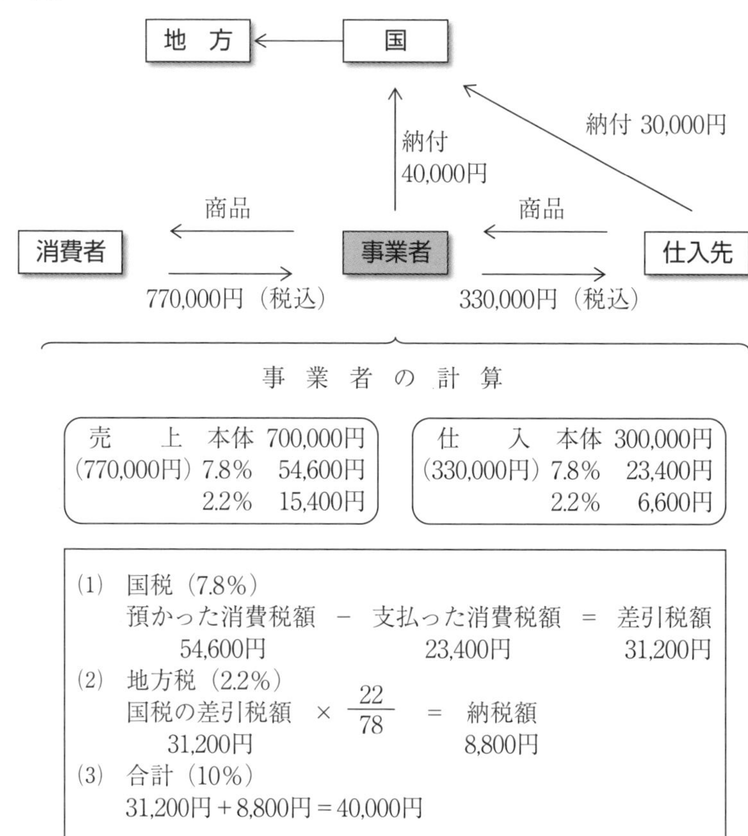

消費税法では、預かった消費税額を「課税標準額に対する消費税額」といい、支払った消費税額を「課税仕入れ等の税額の合計額」といい、当該課税仕入れ等の税額の合計額のうち税額控除が認められるものを「控除対象仕入税額」という。

6 取引の分類

5で示したように、消費税の納付税額は売上金額から「預かった消費税額」を、仕入金額から「支払った消費税額」をそれぞれ計算することにより求める。したがって、消費税の納付税額を計算するにあたっては、どの取引に消費税が課税され、どの取引に課税されないのかを判断しなければならない。

⑴　国内取引の分類

国内で行う取引については、次の各段階に従って分類し、最終的に「課税取引」に分類された取引に消費税が課税されることとなる。

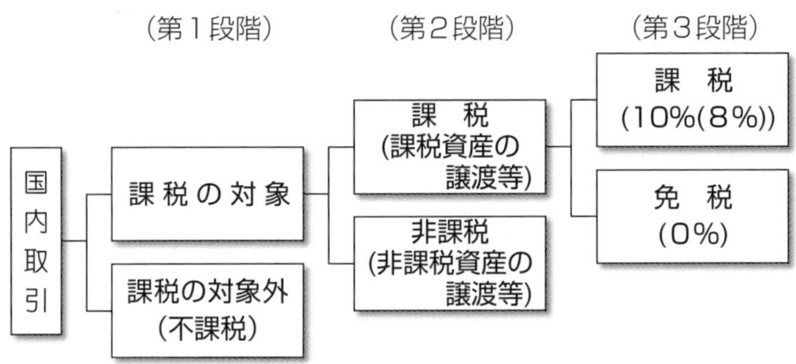

⑵　輸入取引の分類

輸入取引については、保税地域から引き取られる貨物に着目して分類し、最終的に「課税貨物」を引き取る場合に消費税が課税されることとなる。

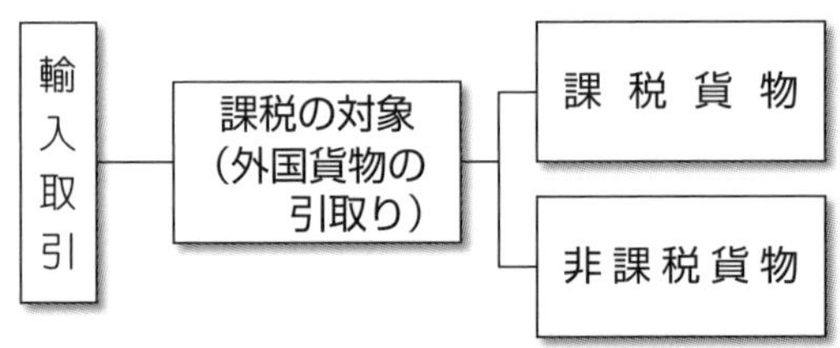

課税の対象

国内取引（消法４①）

(1) 課税の対象と不課税取引

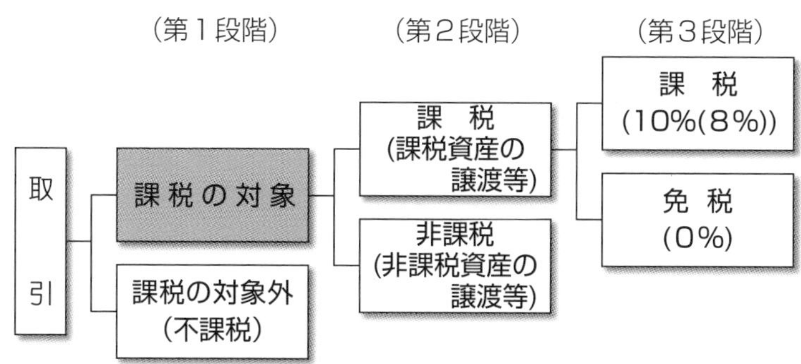

国内取引の分類の第１段階は、取引を「課税の対象」と「課税の対象外」とに分けることである。この課税の対象とならない取引を不課税取引といい、消費税の計算では考慮しない。

(2) 国内取引の課税の対象

● 課税の対象（消法４①）

国内において事業者が行った資産の譲渡等（特定資産の譲渡等（※１）を除く）及び特定仕入れ（※２）には、消費税を課する。

※１　特定資産の譲渡等

事業者向け電気通信利用役務の提供及び特定役務の提供をいう。

※２　特定仕入れ

事業として他の者から受けた特定資産の譲渡等をいう。

● 資産の譲渡等（消法2①八）

事業として対価を得て行われる資産の譲渡及び貸付け並びに役務の提供（代物弁済による資産の譲渡その他対価を得て行われる資産の譲渡若しくは貸付け又は役務の提供に類する行為として政令で定めるものを含む。）をいう。

上記法令から導き出される次の4要件をすべて満たした取引が国内取引の課税の対象に分類される。

● 国内取引の課税の対象の4要件（特定仕入れを除く）

① 国内において行うものであること。
② 事業者が事業として行うものであること。
③ 対価を得て行うものであること。
④ 資産の譲渡・貸付け、役務の提供であること。

この「課税の対象の4要件」の内容は以下の通りである。

① 国内において行うもの（消法4③）

その取引が国内において行われたかどうかの判定は、次の場所が国内にあるかどうかにより行う。

イ 資産の譲渡・貸付けの場合

(イ) 原 則

譲渡・貸付け時の資産の所在場所

(ロ) 例 外

資産の譲渡・貸付けの場合の例外の細目（消令6①）

資産等の種類	判定場所
船舶	船舶の登録をした機関の所在地
航空機	航空機の登録をした機関の所在地
鉱業権	鉱業権に係る鉱区の所在地
租鉱権	租鉱権に係る租鉱区の所在地
採石権等	採石権等に係る採石場の所在地

特許権 実用新案権 意匠権 商標権 回路配置利用権 育成者権 上記権利の利用権	権利の登録をした機関の所在地 （同一の権利について２以上の国において登録をしている場合には、これらの権利の譲渡又は貸付けを行う者の住所地）
公共施設等運営権	公共施設等の所在地
著作権 特別の技術による生産方式(ノウハウ)	これらのものの譲渡又は貸付けを行う者の住所地
営業権 漁業権 入漁権	これらの権利に係る事業を行う者の住所地
有価証券（一定のものを除く）	有価証券の所在場所
登録国債	登録機関の所在地
振替機関等が取り扱う有価証券等又は持分	振替機関等の所在地
振替機関等が取り扱わない券面のない有価証券又は持分	有価証券又は持分に係る法人の本店、主たる事務所の所在地等
金銭債権	金銭債権に係る債権者の譲渡に係る事務所等の所在地
ゴルフ場利用株式等	ゴルフ場等の所在地
上記のほかその所在場所が明らかでない場合（令６①十）	譲渡又は貸付けを行う者のその譲渡又は貸付けに係る事務所等の所在地

※ 住所地……住所又は本店若しくは主たる事務所の所在地
　 事務所等の所在地……事務所、事業所その他これらに準ずるものの所在地

● 有価証券等の譲渡に係る内外判定

<table>
<tr><th colspan="3"></th><th>判定場所</th></tr>
<tr><td rowspan="3">振替機関等の取扱い</td><td colspan="2">あり</td><td>振替機関等の所在地
（注）重複上場有価証券等は一定の場所</td></tr>
<tr><td rowspan="2">なし</td><td>券面あり</td><td>有価証券の所在場所</td></tr>
<tr><td>券面なし</td><td>有価証券又は持分に係る法人の本店、主たる事務所の所在地等</td></tr>
</table>

振替機関等の取扱いがあるものは、券面の有無にかかわらず、振替機関等の所在地で判定することとなる。

ロ　役務の提供の場合

(イ)　原　則

役務の提供地

(ロ)　例　外

役務の提供の場合の例外の細目（消令6②）

役務の提供の種類	判定場所
国際運輸	出発地若しくは発送地又は到着地のいずれか
国際通信	発信地又は受信地のいずれか
国際郵便等	差出地又は配達地のいずれか
保険	保険会社の保険契約の締結に係る事務所等の所在地
建物、鉱工業生産施設等の建設又は製造に関する調査、企画、立案等に係る役務の提供（専門的な科学技術に関する知識を必要とするものに限る）	その建設又は製造に必要な資材の大部分が調達される場所
上記のほか役務の提供が国内及び国外にわたって行われるものその他の役務の提供が行われた場所が明らかでないもの	役務の提供を行う者の役務の提供に係る事務所等の所在地

ハ　電気通信利用役務の提供

役務の提供を受ける者の住所等

ニ　利子を対価とする金銭の貸付け等の場合

その行為を行う者のその行為に係る事務所等の所在地（消令6③）

②　事業者が事業として行うもの

事業者とは、個人事業者（事業を行う個人をいう。）及び法人をいう。

法　　人	事業活動を行う目的で設立されるものであるため、その行う行為はすべて「事業として」に該当する。
個人事業者	「事業者の立場」と「消費者の立場」の二面性があり、その行う活動のうち、事業者としての立場で行う取引に限られる。 したがって、個人事業者が生活の用に供している資産を譲渡する行為は「事業として」に該当しない。

（注）サラリーマンの雇用契約等に基づく役務の提供は「事業」に該当しない。

（注）事業の用に供していた固定資産の売却などの事業付随行為も「事業」に含まれる。

③　対価を得て行うもの

対価を得て行うとは、資産の譲渡等に対して反対給付を受けることをいう。

【図　解】

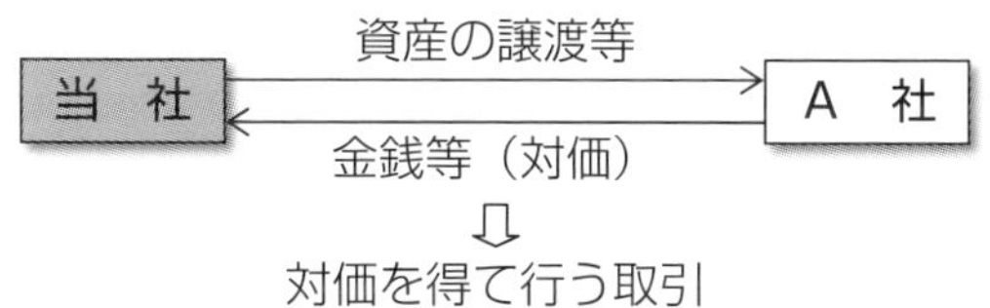

●　対価性のない取引（＝不課税取引）の具体例

対価性のない取引	1　保険金、共済金等（消基通5-2-4） 2　損害賠償金（心身又は資産につき加えられた損害の発生に伴い受けるもの）（消基通5-2-5） 3　立退料（消基通5-2-7） 4　配当金（消基通5-2-8） 5　寄附金・祝金・見舞金等（消基通5-2-14） 6　補助金・助成金等（消基通5-2-15） 7　保証金・権利金等（返還義務があるもの）（消基通5-4-3） 8　収用に伴う収益補償金・移転補償金・経費補償金等（消基通5-2-10）

④ **資産の譲渡、貸付け、役務の提供**

資産の譲渡 …… 商品の販売、資産の売却など
資産の貸付け … 建物の賃貸、自動車のレンタルなど
役務の提供 …… サービスの提供を行うことなど

(3) **みなし譲渡**（消法４⑤）

次に掲げる行為は、事業として対価を得て行われた資産の譲渡とみなす。

個人事業者	個人事業者の家事消費等
法　　人	法人のその社の役員に対する資産の贈与（注）

上記のみなし譲渡は、４要件のうち「事業として」あるいは「対価を得て」という要件を満たしていないにもかかわらず、事業として対価を得て行われた資産の譲渡とみなす。したがって、国内において行われたものである場合には４要件すべてを満たし、課税の対象となる。

（注）資産の貸付け又は役務の提供については、みなし譲渡の規定は適用されない（消基通5-3-5）。

(4) **資産の譲渡等に類する行為**（消法２①ハ、消令２①）

① 代物弁済による資産の譲渡
② 負担付き贈与による資産の譲渡
③ 金銭以外の資産の出資（一定のものを除く。）
④ 一定の信託をした場合における資産の移転等
⑤ 貸付金その他の金銭債権の譲受けその他の承継（包括承継を除く。）
⑥ 不特定多数の者への送信に係る受信料の徴収

上記の取引を国内において事業者が行った場合には、課税の対象となる。

(5) 土地収用法等の規定による収用（消令2②）

土地収用法とは国等が半強制的に土地等を買収する法律である。補償金は原則的には対価性のない収入であるが、土地等の譲渡の見返りとして収受する対価補償金は、例外的に対価性があるものとして取り扱う（対価補償金以外の補償金は、原則通り、対価性がない）。したがって、国内において事業者が土地等を収用され、対価補償金を取得する行為は課税の対象となる。

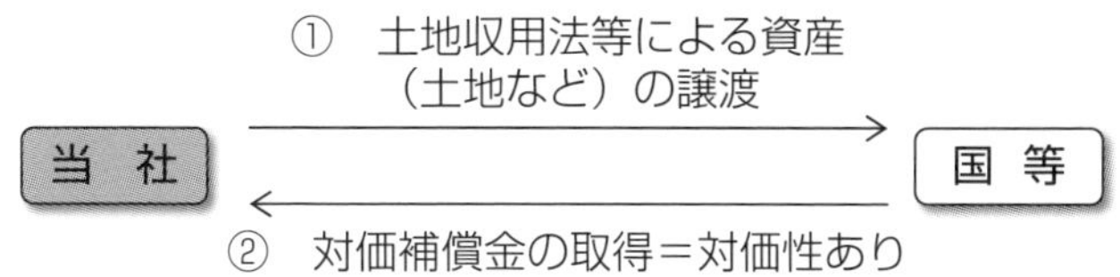

輸入取引

(1) 課税の対象（消法4②）

輸入取引の課税の対象は「保税地域から引き取られる外国貨物には消費税を課する。」と規定されており、国内取引のような要件は特にない。

① 保税地域

輸入資産についての課税を一時保留して、その資産を保管する場所をいう。

② 外国貨物

輸入許可を受ける前の貨物
輸出許可を受けた後の貨物 ｝をいう

(2) みなし引取り

保税地域において外国貨物が消費等された場合には、保税地域から引き取るものとみなす。

3 非課税取引

国内取引

(1) **国内取引の非課税**（消法６①）

国内において行われる資産の譲渡等のうち、別表第二に掲げるものには消費税を課さない

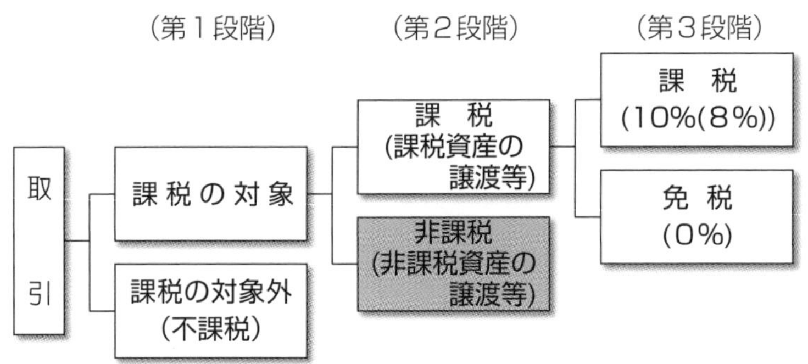

第２段階の分類は、課税の対象を「非課税取引」と「課税取引」とに分けることである。非課税取引とは、消費に負担を求める税の性格から課税することになじまないものや、政策的に課税することが適当でないものについて、課税しないこととしている取引をいう。国内取引の非課税は下記13項目の限定列挙である。

なお、非課税売上げとなる取引は、原則として課税売上割合（54ページ参照）の計算において分母の額（資産の譲渡等の対価の額の合計額）に算入される。

《別表第二》

非課税取引	税の性格から課税することになじまないもの	1　土地等の譲渡及び貸付け 2　有価証券等の譲渡 3　利子を対価とする金銭の貸付け等 4　郵便切手類・印紙及び証紙の譲渡、物品切手等の譲渡 5　行政手数料等、外国為替業務に係る役務の提供
	社会政策的な配慮に基づくもの	6　社会保険医療等 7　介護保険サービス・社会福祉事業等 8　助産に係る資産の譲渡等 9　埋葬料、火葬料を対価とする役務の提供 10　身体障害者用物品の譲渡等 11　学校等の教育に関する役務の提供 12　教科用図書の譲渡 13　住宅の貸付け

(2) 国内取引の非課税項目

① 土地等の譲渡及び貸付け

「土地等」の中には、土地の上に存する権利（例：借地権（土地を使用する権利））が含まれる。

また、借地権に係る更新料、名義書換料も非課税となる。

※　課税となる場合

・契約による貸付期間が１月未満の貸付け

・駐車場等の施設の利用に伴って土地が使用される場合の土地の貸付け（土地を含めた全体を施設の貸付けと考える。）

・土地等に係る役務の提供（例：土地売買手数料、仲介料、造成費用、鑑定料）

② 有価証券等の譲渡

有価証券等
- 有価証券…公社債、株式、受益証券など
- 支払手段…銀行券、小切手、約束手形など
- 類するもの…金銭債権、暗号資産など

※ 課税となる場合

・船荷証券、ゴルフ場利用株式等の譲渡

・収集品、販売用の支払手段の譲渡

・有価証券に係る役務の提供（例：株式売買手数料）

③ 利子を対価とする金銭の貸付け等

※ 具体例

イ 公社債、貸付金、預金等の利子及び利息

ロ 信用の保証料

ハ 保険料（事務費用部分を除く。）

ニ 投資信託等の収益の分配金

ホ 割引債の償還差益

ヘ 手形の割引料

ト 金銭債権の買取差益

チ 物上保証料

リ 共済掛金

※ 課税となる場合

・保険代理店報酬

④ 郵便切手類・印紙及び証紙の譲渡、物品切手等の譲渡

日本郵便株式会社等又は地方公共団体等といった、特定の販売所が譲渡する場合にのみ非課税となる。

※ 物品切手等…商品券、ビール券、いわゆるプリペイドカードなど

なお、物品切手等の発行は不課税となる。

⑤　行政手数料等、外国為替業務に係る役務の提供

※　具体例

・住民票等の発行手数料、不動産の登記料

・旅行小切手（トラベラーズチェック）の発行手数料

・海外送金手数料、両替手数料

⑥　社会保険医療等

※　課税となる場合

・社会保険医療以外の自由診療（健康診断、人間ドックなど）

・社会保険医療以外の医薬品の販売

・医療器具の販売等

⑦　介護保険サービス・社会福祉事業等

※　課税となる場合

・生産活動としての作業に基づき行われるもの

⑧　助産に係る資産の譲渡等

※　具体例

・妊娠しているか否かの検査、妊娠中の検診・入院、分娩の介助

⑨　埋葬料、火葬料を対価とする役務の提供

※　課税となる場合

・墓石、葬式、葬儀費用及び花輪代、生花代

⑩　身体障害者用物品の譲渡等

※　身体障害者用物品…車いす、義肢など

※　身体障害者用物品の改造、修理、製作の請負は非課税となる。

※　身体障害者用物品の部分品は、身体障害者用物品に該当しない。

⑪　学校等の教育に関する役務の提供

※　具体例

・授業料、入学金、施設設備費、入学検定料、在学証明書等の手数料

※　課税となる場合

・塾、予備校の授業料等

⑫　教科用図書の譲渡

※　課税となる場合

・教科用図書の配送

・補助教材の譲渡

⑬　住宅の貸付け

イ　居住用であるか否かは、原則として契約書上の様態により判断する。なお、契約書において用途が明らかにされていない場合であっても、その建物の状況から人の居住の用に供することが明らかな貸付けについては、「住宅の貸付け」として、非課税として取り扱う。

ロ　社宅については、「社員へ貸し付けた場合」及び「法人が家主から借り上げた場合」のいずれも非課税取引である。

ハ　建物等の貸付けに伴う共益費、権利金、更新料等については、家賃と同様に取り扱う。

(イ)　居住用の貸付けに係るもの　⇨　非課税

(ロ)　(イ)以外の貸付けに係るもの　⇨　課税

ニ　課税となる場合

・事務所、店舗、倉庫、保養所等の居住用以外の貸付け

・契約による貸付期間が１月未満の貸付け

・旅館、ホテル、貸別荘、リゾートマンション、民泊等の貸付け

・住宅の譲渡（建物部分）

・住宅に係る役務の提供（例：仲介手数料）

ホ　駐車場付き住宅の貸付け

一戸建住宅に係る駐車場のほか、集合住宅に係る駐車場で入居者について１戸当たり１台分以上の駐車スペースが確保されており、かつ、自動車の保

有の有無にかかわらず割り当てられる等の場合で住宅の貸付けの対価とは別に駐車場使用料等を収受していない場合には、駐車場付き住宅の貸付け全体が非課税となる。

ヘ　用途変更の場合の取扱い

貸付けに係る契約において住宅として貸し付けられた建物について、契約当事者間で住宅以外の用途に変更することについて契約変更した場合における契約変更後の貸付けは課税となる。

(注) 貸付けに係る契約において住宅として借り受けている建物を賃借人が賃貸人との契約変更を行わずに、その賃借人において事業の用に供したとしても、その建物の貸付けは非課税のままとなる。なお、借受けは、課税仕入れに該当しない。

2 輸入取引

(1) 輸入取引の非課税（消法６②）

保税地域から引き取られる外国貨物のうち、別表第二の二に掲げるものには消費税を課さない

《別表第二の二》

非課税貨物	
	1　有価証券等
	2　郵便切手類
	3　印　　　紙
	4　証　　　紙
	5　物品切手等
	6　身体障害者用物品
	7　教科用図書

4　免税取引

1 免税取引（消法7①）

事業者（免税事業者を除く。）が国内において行う課税資産の譲渡等のうち、輸出取引等に該当するものについては、消費税を免除する

※　課税資産の譲渡等

資産の譲渡等のうち、国内取引の非課税の規定により消費税を課さないこととされるもの以外のものをいう。

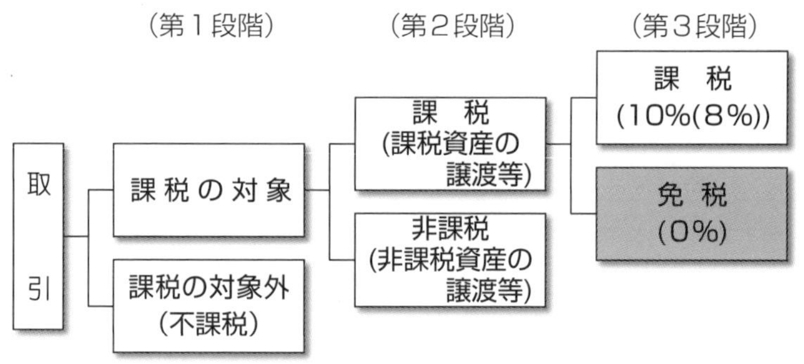

第３段階の分類は、課税取引を「課税取引」と「免税取引」とに分けることである。

免税取引とは、日本の消費税を国外の消費者に負担させない（消費地課税主義）ためや、国際競争力の低下を防止するために、消費税を免除することとしている取引をいい、「輸出取引等」と呼ばれるものに該当する取引のことである。また、免税取引は課税取引に含まれるが、消費税が課税されないため、「０％課税取引」ともいう。

なお、免税売上げとなる取引は、課税売上割合（54ページ参照）の計算において分母の額（資産の譲渡等の対価の額の合計額）及び分子の額（課税資産の譲渡等の対価の額の合計額）に算入される。

《輸出取引等の具体的範囲（消法7①、消令17、消基通7-2-1）》

(1) 本邦からの輸出として行われる資産の譲渡又は貸付け

(2) 外国貨物の譲渡又は貸付け（(1)に該当するものを除く。）

(3) 国内及び国外にわたって行われる旅客又は貨物の輸送

(4) 外航船舶等の譲渡又は貸付けで船舶運航事業者等に対するもの

(5) 外航船舶等の修理で船舶運航事業者等の求めに応じて行われるもの

(6) 専ら国内と国外にわたって又は専ら国外間で行われる貨物の輸送の用に供されるコンテナーの譲渡又は貸付けで船舶運航事業者等に対するもの又はそのコンテナーの修理で船舶運航事業者等の求めに応じて行われるもの

(7) 外航船舶等の水先、誘導、入出港若しくは離着陸の補助又は入出港、離着陸、停泊若しくは駐機のための施設の提供に係る役務の提供等で船舶運航事業者等に対するもの

(8) 外国貨物の荷役、運送、保管、検数、鑑定等の役務の提供

(9) 指定保税地域等 (指定保税地域、保税蔵置場、保税展示場及び総合保税地域）における「輸出しようとする貨物」及び「輸入の許可を受けた貨物」に係る荷役、運送、保管等の役務の提供（特例輸出貨物に係る役務の提供にあっては、指定保税地域等及び一定の場所におけるものに限る。）

※ 「輸出しようとする貨物」「輸入の許可を受けた貨物」は、「内国貨物」のことである。

(10) 国内と国外との間の通信又は郵便若しくは信書便

(11) 非居住者に対する無形固定資産等の譲渡又は貸付け

(12) 非居住者に対する役務の提供で次に掲げるもの以外のもの

① 国内に所在する資産に係る運送又は保管

② 国内における飲食又は宿泊

③ ①及び②に準ずるもので、国内において直接便益を享受するもの

2 輸出取引等の範囲

(1) 本邦からの輸出として行われる資産の譲渡又は貸付け

① 本邦からの輸出

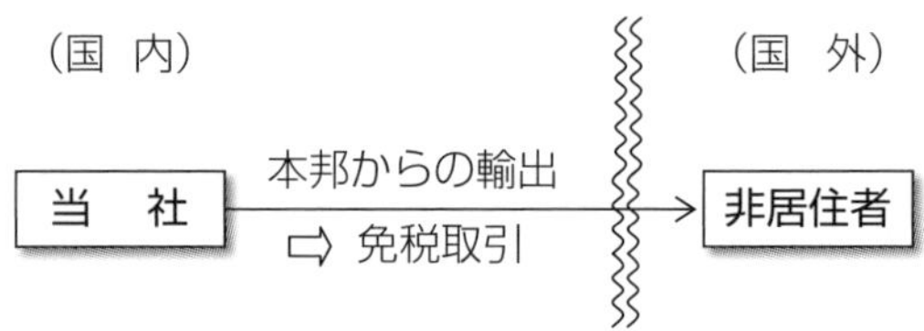

② 国外で購入した貨物を国内の保税地域に陸揚げし、輸入手続を経ないで再び国外へ譲渡する場合には、「本邦からの輸出として行われる資産の譲渡」であるため、輸出取引等に該当する。

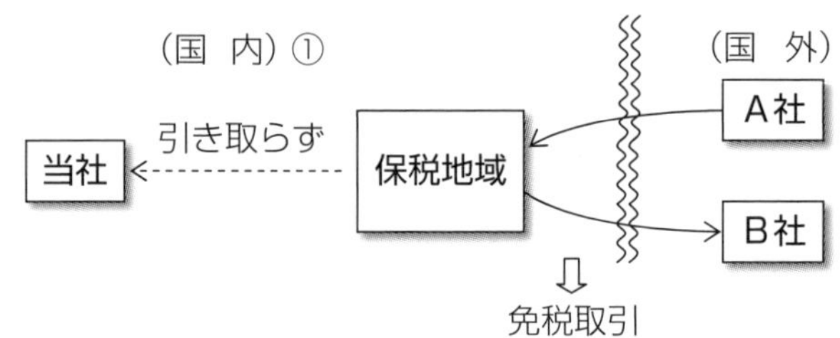

(2) 外国貨物の譲渡又は貸付け

内国法人（居住者）に対する輸入許可前の貨物（＝外国貨物）の譲渡又は貸付けをいう。

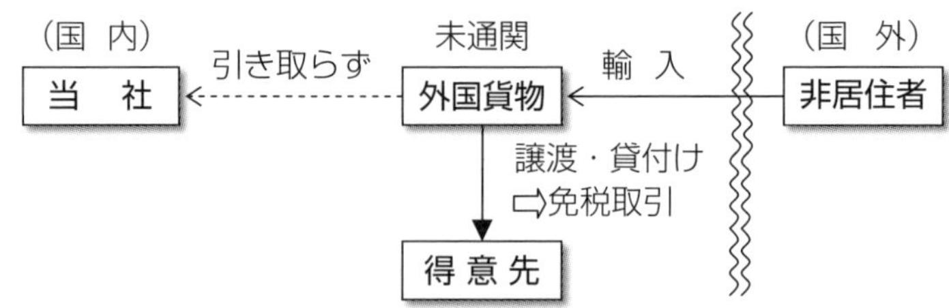

(3) 国際運輸・国際通信・国際郵便等

① 国 際 運 輸 … 国際線航空運賃、外国への貨物輸送運賃など

② 国 際 通 信 … 国際電話料金など

③ 国際郵便等 … エアメール料金など

(4) 専ら国際運輸の用に供される一定の行為で船舶運航事業者等に対するもの

「一定の行為」とは？

① 船舶、航空機、コンテナーの譲渡、貸付け、修理

② 外航船舶等の水先、誘導等の役務の提供

(5) 外国貨物に係る役務の提供（荷役、運送、保管等）

(6) 指定保税地域等における内国貨物に係る役務の提供

① 指定保税地域等における貨物に係る役務の提供（荷役、運送、保管等）は、外国貨物、内国貨物問わず輸出取引等に該当する。

② 保税地域における倉庫の貸付けは、輸出取引等に該当しないため、課税取引となる。

③ 通関手続等の役務の提供は輸出取引等の範囲に含まれる。

例：通関業務料金、通関手数料

(7) 非居住者に対する無形固定資産等の譲渡・貸付け

例：外国法人に対する特許権（日本で登録）の貸付け

(8) 非居住者に対する役務の提供（一定のものを除く。）

「一定のもの」とは？

① 国内に所在する資産に係る運送又は保管

② 国内における飲食又は宿泊

③ ①、②に準ずるもので国内において直接便益を享受するもの

◎ その他注意点

① 非居住者の範囲

	法　　人	
	本邦法人	外国法人
居 住 者	日本国内にある本社、支店、事務所	日本国内にある支店、事務所
非居住者	外国支店、外国事務所	外国にある本社、支店、事務所

② 非居住者に対する役務の提供で免税とならないものの範囲（消基通7-2-16）

イ 国内に所在する資産に係る運送や保管

ロ 国内に所在する不動産の管理や修理

ハ 建物の建築請負

ニ 電車、バス、タクシー等による旅客の輸送

ホ 国内における飲食又は宿泊

ヘ 理容又は美容

ト 医療又は療養

チ 劇場、映画館等の興業場における観劇等の役務の提供

リ 国内間の電話、郵便又は信書便

ヌ 日本語学校等における語学教育等に係る役務の提供

③ 国内に支店等を有する非居住者に対する役務の提供（消基通7-2-17）

イ 原則 ⇨ 国内支店等を経由すると考えるため、免税とはならない

ロ 特例 ⇨ 次の要件のすべてを満たす場合には、非居住者との直接取引と考え、免税となる

(イ) 役務の提供が非居住者の国外の本店等との直接取引であり、当該非居住者の国内の支店又は出張所等はこの役務の提供に直接的にも間接的にもかかわっていないこと。

(ロ) 役務の提供を受ける非居住者の国内の支店又は出張所等の業務は、当該役務の提供に係る業務と同種、あるいは関連する業務でないこと。

④ 海外旅行者が携帯する物品の輸出免税

海外旅行者（居住者）が、出国するときに携帯する物品で輸出物品販売場で所定の方法により購入したものは免税となる。

 輸出物品販売場における輸出免税の特例（消法8①）

輸出物品販売場（免税店）を経営する事業者が、外国人旅行者等の非居住者に対して、その非居住者が出国の際に海外に持ち出す一定の物品を所定の手続により譲渡をした場合には、消費税が免除される。

この免税は、外国人旅行者等の非居住者が土産品等として購入し、日本国外に持ち帰ることは、実質的に輸出と同じ効果があることから設けられた規定であり、最終的に携帯その他の方法で国外に持ち出されることを前提に「免税取引」と同様の取扱いをすることとしている。

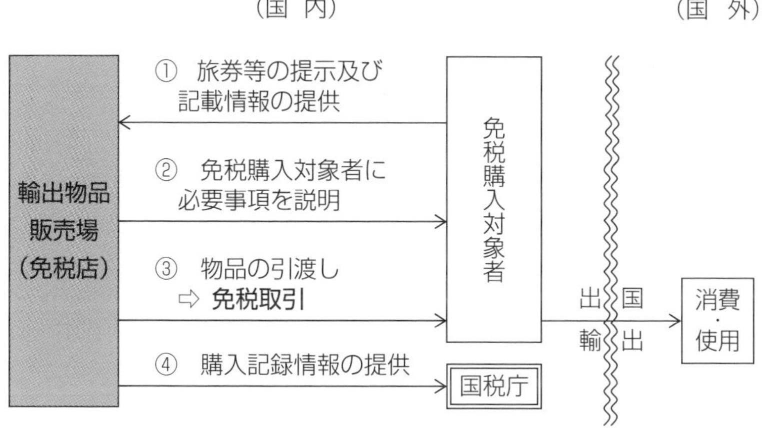

5 課税標準及び税率

「課税標準」とは、税率を乗じて税額を算出するための基礎となるものをいう。

国内取引の課税標準（消法28）

(1) 課税標準額の計算に算入すべき金額

① 原 則

課税資産の譲渡等の対価の額とする。

その課税資産等の価格（いわゆる定価）を算入するのではなく、その譲渡等につき当事者間で授受することとした金額（実売価格）により計算する。

（注）いわゆるリバースチャージの適用がある場合の特定課税仕入れに係る消費税の課税標準は、「特定課税仕入れに係る支払対価の額」とする。

② 低額譲渡の場合（消法28①）

時 価

イ 低額譲渡の意義

法人が資産を「その社の役員」に対し「著しく低い価額」により譲渡することをいう。

ロ 「著しく低い価額」の判定（消基通10-1-2）

次の要件に該当する場合には、「低額譲渡」となる。

(イ) 棚卸資産以外の資産の場合	時 価×50％＞譲渡金額
(ロ) 棚卸資産の場合	通常の販売価額×50％＞譲渡金額 又 は 仕 入 価 額（※）＞譲渡金額

※ 製品の場合には、製造原価のうち課税仕入れからなる金額

③　みなし譲渡の場合（消法28③）

イ　棚卸資産以外の資産の場合

時　価

ロ　棚卸資産の場合（消基通10-1-18）

仕　入　価　額（※） 通常の販売価額×50%	いずれか大きい方

※　製品の場合には、製造原価のうち課税仕入れからなる金額

④　資産の譲渡等に類する行為等の場合

イ　代物弁済による資産の譲渡

消滅する債務の額（＋受け取った金銭）

ロ　負担付贈与による資産の譲渡

負担付贈与に係る負担の価額

ハ　金銭以外の資産の出資（現物出資）

出資により取得する株式の取得時の価額

ニ　資産の交換

交換取得資産の取得時の価額（＋受け取った金銭－支払った金銭）

ホ　一定の信託をした場合における資産の移転等

その資産の移転等の時におけるその資産の価額

⑤　一括譲渡

イ　合理的に区分されている場合

区分された対価の額

ロ　合理的に区分されていない場合

$$一括譲渡の対価の額 \times \frac{課税資産の価額}{課税資産の価額＋非課税資産の価額}$$

⑵ その他の注意点

① 返品等の取扱い（消基通10-1-15）

原　則	売上げは売上げで、返品等は返品等で、それぞれ総額で計上
例　外	継続適用を要件として、売上げから返品等を控除した純額を売上げとして計上

② 個別消費税の取扱い（消基通10-1-11）

酒税、たばこ税、揮発油税等	課税標準に含める
ゴルフ場利用税、入湯税、軽油引取税	課税標準に含めない

③ 資産の貸付けに伴う共益費の取扱い（消基通10-1-14）

貸主が借主から収受する共益費は、資産の貸付けの対価に含まれ、家賃と同様に取り扱う。

④ 為替差損益（消基通10-1-7）

資産の譲渡等の対価の額に含まれない。

⑤ 資産の下取り（消基通10-1-17）

売上げ	資産の販売価額の総額を計上（下取価額を控除できない。）
仕入れ	下取価額を計上

⑥ 源泉所得税がある場合（消基通10-1-13）

源泉徴収前の金額を売上計上する。

⑦ 未経過固定資産税等の取扱い（消基通10-1-6）

固定資産等を譲渡した場合に譲渡価額に上乗せした未経過固定資産税等相当額は、租税ではなく、その固定資産等の譲渡対価の一部を構成するものとして取り扱う。

（例）建物の未経過固定資産税相当額 ⇨ 課税
　　　土地の未経過固定資産税相当額 ⇨ 非課税

⑧　**印紙税等に充てるため受け取る金銭**（消基通10-1-4）

事業者が課税資産の譲渡等に関連して受け取る印紙税相当額は課税標準に含まれる。

ただし、登録免許税、自動車重量税、自動車取得税等について、登録免許税等として受け取ったことが明らかなものは課税標準に含まない。

⑨　**別途収受する配送料**（消基通10-1-16）

課税資産の譲渡等に係る相手先から、他の者に委託する配送料等を別途収受し、預り金又は仮受金等として処理している場合には、課税標準に含めない。

2 輸入取引の課税標準（消法28④）

(1)　課税標準額の計算

関税課税価格＋関税額＋消費税以外の個別消費税＝課税標準

①　関税課税価格
　取引価格＋運賃＋保険料＝関税課税価格（CIF価格）

②　消費税以外の個別消費税
　酒税、たばこ税、揮発油税、地方揮発油税、石油ガス税及び石油石炭税

3 税 率（消法29）

100分の7.8　（標準税率：国税）
100分の6.24（軽減税率：国税）

6 納税義務者の原則

 国内取引の納税義務者（消法５①）

事業者は、国内において行った課税資産の譲渡等（特定資産の譲渡等を除く）及び特定課税仕入れ（※）につき、消費税を納める義務がある。

※　特定課税仕入れ
　課税仕入れのうち特定仕入れに該当するものをいう。

 輸入取引の納税義務者（消法５②）

外国貨物を保税地域から引き取る者は、課税貨物につき、消費税を納める義務がある。

小規模事業者に係る納税義務の免除

納税義務の免除（消法９①）

事業者のうち、その基準期間における課税売上高が1,000万円以下である者（適格請求書発行事業者（※）を除く）については、その課税期間中に国内において行った課税資産の譲渡等及び特定課税仕入れにつき、消費税を納める義務を免除する。 ただし、別段の定めがある場合は、この限りでない。

※　適格請求書発行事業者

適格請求書の交付をしようとすることにつき、税務署長の登録を受けた事業者をいう。

したがって、納税義務の有無は「基準期間における課税売上高」と「1,000万円」とを比較することにより判定する。

基準期間における課税売上高	＞1,000万円　∴　納税義務あり ≦1,000万円　∴　納税義務なし

「納税義務あり」となった事業者を「課税事業者」
「納税義務なし」となった事業者を「免税事業者」　という

基準期間における課税売上高の計算

(1)　基準期間（消法２①十四）

個人事業者	その年の前々年	
法　　人	原　則	その事業年度の前々事業年度
	特　例	前々事業年度が１年未満の場合には、その事業年度開始の日の２年前の日の前日から同日以後１年を経過する日までの間に開始した各事業年度を合わせた期間

※　個人事業者の場合は、年の途中で開業した場合でも、常に前々年（１月１日～12月31日）が基準期間となる。

⑵ 基準期間における課税売上高の計算（消法９②③）

① 個人事業者、基準期間が１年である法人の場合

イ 課税売上高（税抜）

国内課税売上高（税込）× $\frac{100}{110}$ ＋免税売上高

ロ 課税売上返還等（税抜）

国内課税売上返還等（税込）× $\frac{100}{110}$ ＋免税売上返還等

ハ イ－ロ＝基準期間における課税売上高

② 基準期間が１年でない法人の場合

①× $\frac{12}{\text{基準期間の月数（※）}}$ ＝基準期間における課税売上高

※ ①の金額を基準期間の月数で除し、これに12を乗じる。
月数は暦に従って計算し、１月未満は１月とカウントする。

8 課税事業者の選択

免税事業者は、税額控除を行うことができないため、預かった消費税額よりも支払った消費税額が大きい場合であっても、還付を受けることができない。このような状態を救済するため、免税事業者が自ら課税事業者を選択することにより、税額控除の適用を受け、還付を受けることができることとした。このように、免税事業者が自らの選択により課税事業者となることができる制度を「課税事業者の選択」という。

1 消費税課税事業者選択届出書（消法９④）

基準期間における課税売上高が1,000万円以下の事業者が、「消費税課税事業者選択届出書」を納税地の所轄税務署長に提出した場合には、その提出をした日の属する課税期間の翌課税期間（提出日の属する課税期間が事業開始日の属する課税期間等である場合には当該課税期間）以後の課税期間中に国内において行う課税資産の譲渡等及び特定課税仕入れについては、納税義務は免除されない。

（注）その基準期間における課税売上高が1,000万円を超える課税期間を除く。

2 消費税課税事業者選択不適用届出書（消法９⑤⑥）

「消費税課税事業者選択届出書」を提出した事業者は、その規定の適用を受けることをやめようとするとき又は事業を廃止したときは、「消費税課税事業者選択不適用届出書」を納税地の所轄税務署長に提出しなければならない。

(1) 不適用届出書の提出制限

適用をやめようとする場合には、選択届出書を提出した課税期間の「翌課税期間」（選択届出書の効力が生じた初めての課税期間）の初日から２年を経過する日の属する課税期間の初日以後でなければ、不適用届出書を提出することはできない（＝２年継続適用）。

なお、④に該当する場合はこの限りでない。

⑵　不適用となる期日

不適用届出書の提出があった日の属する課税期間の末日の翌日以後は、課税事業者の選択の効力はなくなる。

宥恕規定（消法9⑨）

やむを得ない事情があるため、その課税期間の初日の前日までに届出書を提出できなかった場合には宥恕規定がある。

この宥恕規定の適用を受けようとする場合には、「消費税課税事業者選択（不適用）届出に係る特例承認申請書」を提出しなければならない。

調整対象固定資産の仕入れ等を行った場合（消法9⑦）

「課税事業者選択届出書」を提出した事業者は、上記①の翌課税期間の初日から2年を経過する日までの間に開始した各課税期間（簡易課税制度の規定の適用を受ける課税期間を除く。）中に調整対象固定資産の仕入れ等（注）を行った場合（一定の課税期間においてその届出書の提出前にその仕入れ等を行った場合を含む。）には、不適用届出書の提出制限にかかわらず、事業を廃止した場合を除き、その仕入れ等の日の属する課税期間の初日から3年を経過する日の属する課税期間の初日以後でなければ、「課税事業者選択不適用届出書」を提出することができない。

この場合において、その仕入れ等の日の属する課税期間の初日からその仕入れ等の日までの間に「課税事業者選択不適用届出書」をその納税地の所轄税務署長に提出しているときは、その届出書の提出は、なかったものとみなす。

（注）調整対象固定資産の仕入れ等とは、国内における調整対象固定資産の課税仕入れ又は調整対象固定資産に該当する課税貨物（他の法律等により消費税が免除されるものを除く。）の保税地域からの引取りをいう。

※１　調整対象固定資産（消令５①）

棚卸資産以外の資産で建物、構築物、機械及び装置、鉱業権その他の資産のうち、その資産に係る課税仕入れに係る支払対価の額の110分の100に相当する金額、特定課税仕入れに係る支払対価の額又は保税地域から引き取られるその資産の課税標準である金額が一の取引単位につき100万円以上のものをいう。

※２　課税事業者の選択を受けていた事業者がその提出制限の期間中に調整対象固定資産の仕入れ等を行った場合には、その仕入れ等を行った日の属する課税期間を含めた３年間又は４年間は、課税事業者選択の不適用が制限される。

<ケース１>　課税事業者となった１期目に調整対象固定資産の仕入れ等をした場合

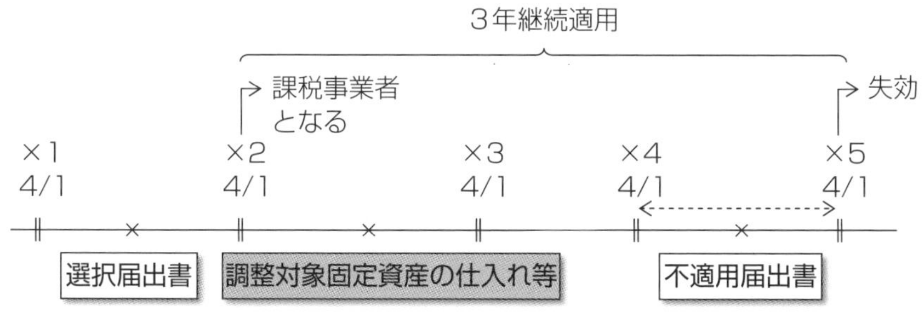

<ケース２>　課税事業者となった２期目に調整対象固定資産の仕入れ等をした場合

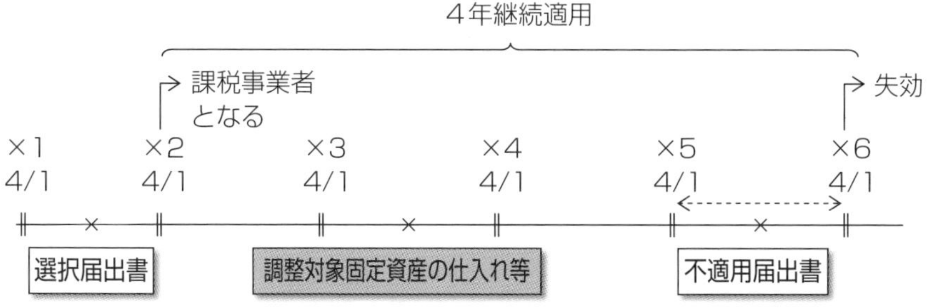

※3　調整対象固定資産の仕入れ等の日までに不適用届出書を提出した場合（消基通1-4-11（注））

「課税事業者選択不適用届出書」を提出した事業者が、その届出書の提出日以後、その提出日の属する課税期間中に調整対象固定資産の仕入れ等を行ったことにより、提出制限の適用を受けることとなった場合には、不適用届出書の提出はなかったものとみなされ、引き続き課税事業者選択届出書の効力が存続する。

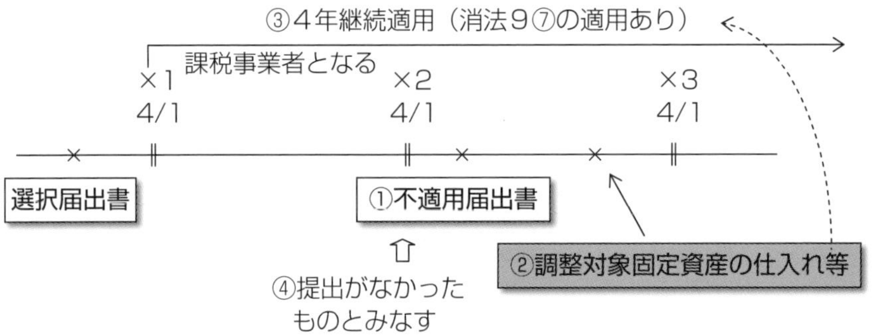

前年等の課税売上高による特例

特定期間における課税売上高による納税義務の免除の特例

（消法９の２①）

個人事業者のその年又は法人のその事業年度の基準期間における課税売上高が1,000万円以下である場合（注）において、特定期間における課税売上高が1,000万円を超えるときは、その年又はその事業年度における課税資産の譲渡等及び特定課税仕入れについては、納税義務は免除されない。

なお、この規定を適用する場合には、特定期間中に支払った支払明細書に記載すべき一定の給与等の合計額を特定期間における課税売上高とすることができる。

（注）課税事業者を選択している場合を除く。

納税義務の判定

特定期間における課税売上高	＞ 1,000万円	∴ 納税義務あり
	≦ 1,000万円	∴ 納税義務なし

特定期間における課税売上高による判定は、基準期間における課税売上高が1,000万円以下であり、課税事業者の選択を行っていない場合にのみ行うこととなる。

特定期間（消法９の２④）

個人事業者		その年の前年１月１日から６月30日までの期間
法人	前事業年度が７月超	その前事業年度開始の日以後６月の期間
	前事業年度が７月以下（※１）	その前々事業年度（※２）開始の日以後６月の期間（※３）

※１　短期事業年度という。

※２　基準期間に含まれるもの等を除く。

※３　その前々事業年度が６月以下の場合には、その前々事業年度開始の日からその終了の日までの期間

特定期間における課税売上高（消法９の２②）

(1)　総課税売上高（税抜）

$$国内課税売上高（税込）\times \frac{100}{110} + 免税売上高$$

(2)　課税売上返還等（税抜）

$$国内課税売上返還等（税込）\times \frac{100}{110} + 免税売上返還等$$

(3)　純課税売上高（税抜）

(1)－(2)

支払明細書に記載すべき一定の給与等の合計額

（消法９の２③、消規11の２、消基通1-5-23）

所得税の課税対象とされる給与、賞与等のことで、所得税が非課税とされる通勤手当、旅費等は該当しない。

10 新設法人の納税義務の免除の特例

消費税の納税義務の判定は「基準期間における課税売上高」により行うが、新たに設立した法人には、その基準期間が存在しない。そこで、このような場合には、その法人の資本金の額等により、納税義務を判定することとなる。

1 新設法人の納税義務の判定（消法12の２①）

判　定	(1)　基準期間なし (2)　資本金額　　○○○○円 ≧ 1,000万円　∴　納税義務あり 　　　　　　　　○○○○円 ＜ 1,000万円　∴　納税義務なし
結　論	新設法人の基準期間がない事業年度に含まれる各課税期間（注）における課税資産の譲渡等及び特定課税仕入れについては、納税義務は免除されない。 （注）課税事業者選択届出書の提出により、又は新設合併若しくは新設分割子法人の分割等があった場合の規定により納税義務が免除されないこととなる課税期間を除く。

※　新設法人

新設法人とは、その事業年度の基準期間がない法人のうち期首資本金の額等が1,000万円以上の法人をいう。

調整対象固定資産の仕入れ等を行った場合

（消法12の２②）

新設法人が、その基準期間がない事業年度に含まれる各課税期間（簡易課税制度の適用を受ける課税期間を除く。）中に調整対象固定資産の仕入れ等を行った場合には、その新設法人のその仕入れ等の日の属する課税期間からその課税期間の初日から３年を経過する日の属する課税期間までの各課税期間（注）における課税資産の譲渡等及び特定課税仕入れについては、納税義務は免除されない。

（注）その基準期間における課税売上高が1,000万円を超える課税期間、課税事業者選択届出書の提出により、新設合併若しくは新設分割子法人の分割等があった場合の規定により、又は①の規定により、納税義務が免除されないこととなる課税期間を除く。

※１　新設法人が、その基準期間がない事業年度に含まれる各課税期間に調整対象固定資産の仕入れ等を行った場合には、その仕入れ等を行った日の属する課税期間を含めた３年間又は４年間は、課税事業者となる。

<ケース１>　設立１期目に調整対象固定資産の仕入れ等をした場合

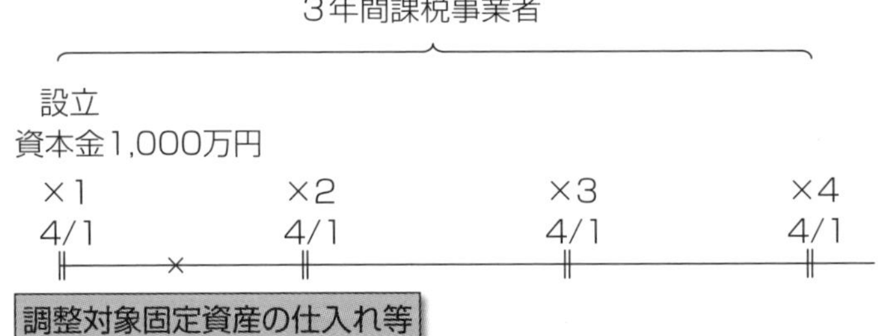

<ケース2> 設立2期目に調整対象固定資産の仕入れ等をした場合

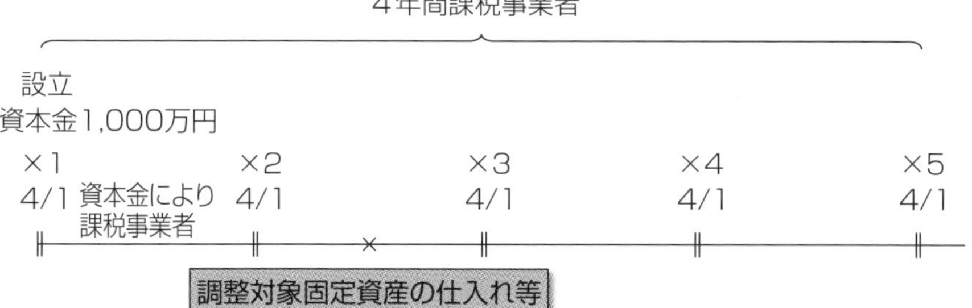

※2　その基準期間における課税売上高が1,000万円を超える課税期間

基準期間における課税売上高が1,000万円を超える課税期間については、納税義務の免除（消法9①）の適用を受けず、課税事業者となるため、別段の定めであるこの規定（消法12の2②）は適用されない。

※3　「①の規定により、納税義務が免除されないこととなる課税期間を除く。」

基準期間がない課税期間については、「①基準期間がない法人の納税義務の免除の特例（消法12の2①）」が適用され、基準期間がある課税期間について制限を受ける場合には、「②調整対象固定資産の仕入れ等を行った場合（消法12の2②）」の規定が適用される。

11 特定新規設立法人の納税義務の免除の特例

基準期間がない法人については、資本金の額等により納税義務を判定することとなるが、資本金の額等が1,000万円未満の場合には免税事業者となってしまう。しかしながら、個人事業者が法人成りした場合や、グループ企業が新たに法人を設立し事業を移行した場合など設立当初から相応の事業規模を有する場合には、課税事業者とすべきであることから、課税売上高が５億円を超える事業者に支配される特定新規設立法人の納税義務の免除の特例が規定された。

特定新規設立法人の納税義務の免除の特例

（消法12の３①）

特定新規設立法人については、その基準期間がない事業年度に含まれる各課税期間における課税資産の譲渡等及び特定課税仕入れについては、納税義務は免除されない。

特定新規設立法人（消法12の３①）

<table><tr><td>新規設立法人（※１）のうち、次の(1)、(2)のいずれにも該当するものをいう。
(1)　その基準期間がない事業年度開始の日において、特定要件に該当すること
(2)　特定要件に該当するかどうかの判定の基礎となった「他の者」（判定対象者）及び「他の者と一定の特殊な関係にある法人」（判定対象者）のうちいずれかの者のその新規設立法人のその事業年度の基準期間に相当する期間（※２）における課税売上高（※３）が５億円を超えていること</td></tr></table>

※１　新規設立法人（消法12の３①）

その事業年度の基準期間がない法人（社会福祉法人等を除く。）で、その事業年度開始の日における資本金の額又は出資の金額が1,000万円未満の法人をいう。

【図　解】新設法人と特定新規設立法人

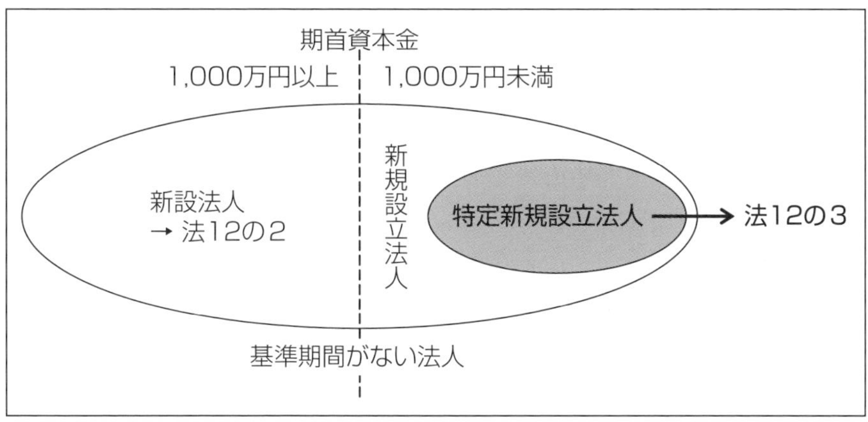

※２　基準期間に相当する期間（消令25の４②）

①　判定対象者が個人事業者の場合

新規設立法人の基準期間がない事業年度開始の日の２年前の日の前日から１年を経過する日までの間に到来する12月31日が属する年などをいう。

②　判定対象者が法人である場合

新規設立法人の基準期間がない事業年度開始の日の２年前の日の前日から１年を経過する日までの間に終了した判定対象者の各事業年度を合わせた期間などをいう。

※３　基準期間に相当する期間における課税売上高（消令25の４①）

基準期間に相当する期間における税抜純課税売上高であり、判定対象者が法人である場合には原則的に年換算を行う。

【図　解】特定新規設立法人

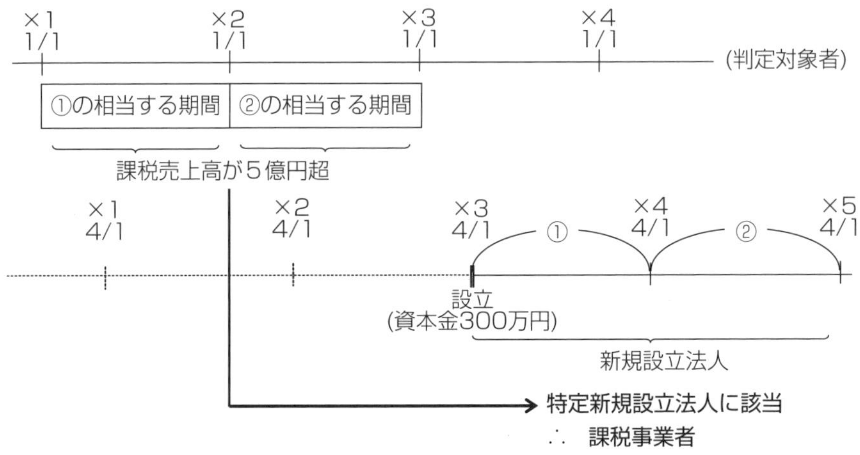

3 特定要件（消法12の３①）

> 新規設立法人の発行済株式又は出資（※）の総数又は総額の50%超が他の者により直接又は間接に保有される場合等であることをいう。

※　自己の株式又は出資を除く。

4 調整対象固定資産の仕入れ等を行った場合（消法12の３③）

> 特定新規設立法人が、その基準期間がない事業年度に含まれる各課税期間（簡易課税制度の適用を受ける課税期間を除く。）中に調整対象固定資産の仕入れ等を行った場合には、その仕入れ等の日の属する課税期間からその課税期間の初日から３年を経過する日の属する課税期間までの各課税期間における課税資産の譲渡等及び特定課税仕入れについては、納税義務は免除されない。

特定新規設立法人が、その基準期間がない事業年度に含まれる各課税期間中に調整対象固定資産の仕入れ等を行った場合には、その仕入れ等を行った日の属する課税期間を含めた３年間又は４年間は、課税事業者となる。

12 高額特定資産を取得した場合の納税義務の免除の特例

消費税の納税義務は、基準期間における課税売上高で判定するのが原則である。

しかしながら、課税事業者であった課税期間（簡易課税の適用を受ける場合を除く。）中に高額特定資産を取得し課税仕入れ等の税額の還付を受け、当該資産を売却・使用するその後の課税期間において免税事業者となった場合には、適切な仕入税額控除が行われたとは言えない。

そこで、高額特定資産を取得した場合には、一定期間につき納税義務を免除しないこととしている。

1 高額特定資産を取得した場合の納税義務の免除の特例（消法12の4①）

課税事業者が、簡易課税の適用を受けない課税期間中に高額特定資産の仕入れ等を行った場合には次の日の属する課税期間の翌課税期間からその仕入れ等の日の属する課税期間の初日以後３年を経過する日の属する課税期間までの各課税期間における課税資産の譲渡等及び特定課税仕入れについては、納税義務は免除されない。

⑴　高額特定資産
　　その仕入れ等を行った日

⑵　自己建設高額特定資産
　　その仕入れを行った場合に該当することとなった日

2 高額特定資産（令25の５）

(1) 棚卸資産又は固定資産の場合

次の金額が一の取引単位につき1,000万円以上のものをいう。

① 課税仕入れに係る支払対価の額の110分の100に相当する金額

② 特定課税仕入れに係る支払対価の額

③ 保税地域から引き取られるその資産の課税標準である金額

(2) 自己建設資産の場合

自己建設資産の建設等のために要した原材料費及び経費（免税事業者又は簡易課税の適用を受ける課税期間中のものを除く。）の額で次の金額の合計額が1,000万円以上のものをいう。

① 課税仕入れに係る支払対価の額の110分の100に相当する金額

② 特定課税仕入れに係る支払対価の額

③ 保税地域から引き取られるその資産の課税標準である金額

【図　解】棚卸資産又は固定資産の場合

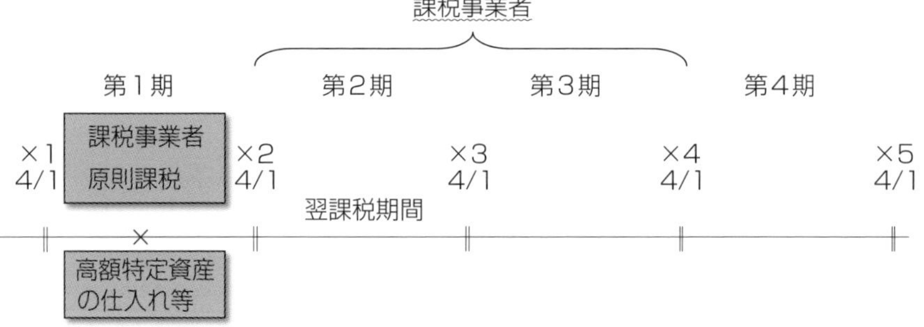

 棚卸資産の調整を受けた場合（消法12の４②）

事業者が、高額特定資産である棚卸資産若しくは課税貨物又は調整対象自己建設高額資産について棚卸資産の調整の適用を受けた場合には、その適用を受けた課税期間の翌課税期間からその適用を受けた課税期間の初日以後３年を経過する日の属する課税期間までの各課税期間における課税資産の譲渡等及び特定課税仕入れについては、納税義務は免除されない。

【図　解】高額特定資産（棚卸資産）の場合

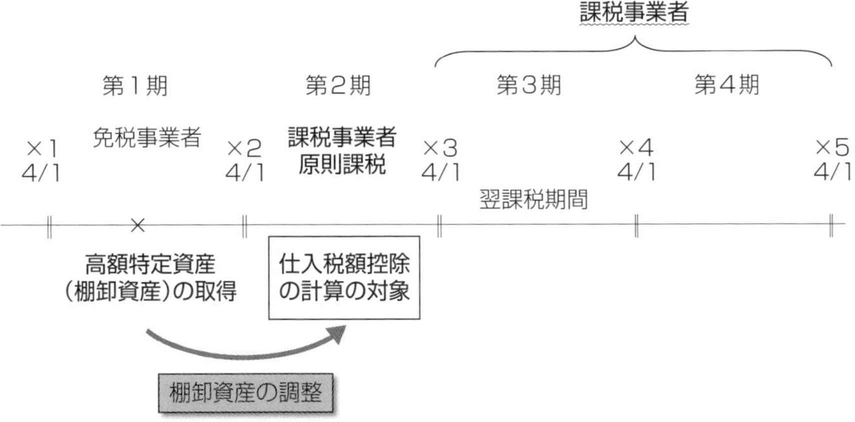

 高額特定資産を売却等した場合（基通１－５－22の２）

高額特定資産の仕入れ等を行った場合の納税義務の免除の特例規定（法12の４①）は、高額特定資産の仕入れ等を行った後、その高額特定資産を廃棄、売却等により処分したとしても、継続適用される。

13 課税期間

「課税期間」とは、消費税の納付税額を計算する期間である。課税期間については、原則と特例の取扱いがある。

課税期間の原則（消法19①）

⑴ 個人事業者

1月1日から12月31日までの期間（暦年）

事業の開始、廃止にかかわらず、その年の1月1日から12月31日までの期間となる。

⑵ 法　人

事業年度

※　法人が組織変更した場合の課税期間

⇨　その組織変更によって区分されず継続する。

 課税期間の特例（消法19①）

		課税期間
個人事業者	3月ごとの期間に短縮又は変更	1月1日から3月31日までの期間 4月1日から6月30日までの期間 7月1日から9月30日までの期間 10月1日から12月31日までの期間
	1月ごとの期間に短縮又は変更	1月1日以後1月ごとに区分した各期間
法人	3月ごとの期間に短縮又は変更	その事業年度をその開始の日以後3月ごとに区分した各期間 （最後に3月未満の期間を生じたときはその3月未満の期間）
	1月ごとの期間に短縮又は変更	その事業年度をその開始の日以後1月ごとに区分した各期間 （最後に1月未満の期間を生じたときはその1月未満の期間）

14　資産の譲渡等の時期

「資産の譲渡等の時期」つまり「売上げの計上時期」については、原則と特例の取扱いがある。

資産の譲渡等の時期の原則

資産の譲渡等の時期の原則は引渡しの日である。

<table>
<tr><th colspan="2">取引の態様</th><th>譲渡等の時期の原則</th></tr>
<tr><td colspan="2">(1)　棚卸資産の販売（委託販売等を除く）</td><td>引渡日</td></tr>
<tr><td colspan="2">(2)　固定資産の譲渡（工業所有権等を除く）</td><td>引渡日</td></tr>
<tr><td colspan="2">(3)　工業所有権等（注）の譲渡又は実施権の設定</td><td>契約の効力発生日</td></tr>
<tr><td rowspan="2">(4) 請負</td><td>物を引き渡すもの</td><td>目的物の全部の完成引渡日</td></tr>
<tr><td>物を引き渡さないもの</td><td>役務の提供の完了日</td></tr>
<tr><td colspan="2">(5)　人的役務の提供（請負を除く）</td><td>人的役務の提供の完了日</td></tr>
<tr><td rowspan="2">(6) 資産の貸付け</td><td>契約又は慣習により使用料等の支払日が定められているもの</td><td>支払期日</td></tr>
<tr><td>支払日が定められていないもの</td><td>支払を受けた日（請求があった時に支払うこととされるものは、その請求日）</td></tr>
</table>

（注）　工業所有権等とは、特許権、実用新案権等、これらの権利に係る出願及び実施権をいう。

 資産の譲渡等の時期の特例

(1) **延払基準**（消法16）

事業者は、「リース譲渡」について、一定の要件を満たす場合には、延払基準により売上げを計上することができる。

(2) **工事進行基準**（消法17）

事業者は、長期大規模工事又は工事の請負に係る資産の譲渡等について、一定の要件を満たす場合には、工事進行基準により売上げを計上することができる。

(3) **現金基準**（消法18）

個人事業者で、所得税法上「現金主義による所得計算の特例」の適用が認められている小規模事業者は、資産の譲渡等及び課税仕入れについて、一定の要件を満たす場合には、現金基準により売上げ及び仕入れを計上することができる。

15 仕入れに係る消費税額の控除（課税仕入れ等）

消費税の納付税額は、「売上先から預かった消費税額」から「仕入先に支払った消費税額」を控除することにより計算する。したがって、課税の対象外である「不課税仕入れ」はもちろんのこと、消費税を支払わない「非課税仕入れ」「免税仕入れ」も控除の対象とはならない。すなわち、取引時に消費税を支払う「課税仕入れ等」のみが、仕入税額控除の対象となる。

課税仕入れ等の税額（消法30②）

国内において行った課税仕入れに係る消費税額（注）	＋	保税地域から引き取られる課税貨物につき課された又は課されるべき消費税額（国税）

（注）適格請求書に記載されている消費税額等× $\frac{78}{100}$

課税仕入れ（消法２①十二）

事業者が、事業として他の者から資産を譲り受け、若しくは借り受け、又は役務の提供（※１）を受けること（※２）をいう。

※１　給与等を対価とする役務の提供を除く。

※２　他の者が事業としてその資産を譲り渡し、若しくは貸し付け、又はその役務の提供をしたとした場合に課税資産の譲渡等に該当することとなるもので、輸出免税等の規定により消費税が免除されるもの以外のものに限る。

 売上げと仕入れの体系

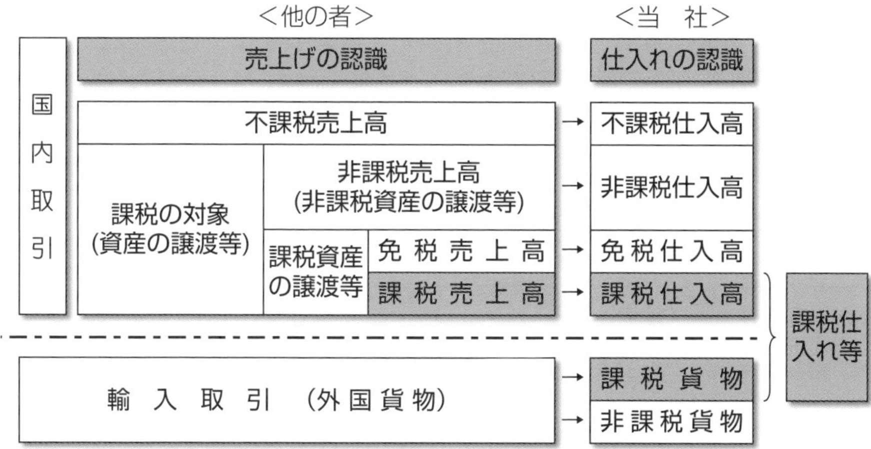

国内取引… 売上げ側から見て「課税売上げ」に分類される取引が、仕入れ側から見て「課税仕入れ」となる。

輸入取引… 課税貨物を保税地域から引き取る際に、税関に消費税を納付する。

 居住用賃貸建物に係る仕入税額控除の制限（消法30⑩）

事業者が国内において行う居住用賃貸建物に係る課税仕入れ等の税額については、仕入れに係る消費税額の控除の規定を適用しない。

※１　令和２年10月１日以後に行われる居住用賃貸建物の課税仕入れ等の税額について適用される。

なお、令和２年３月31日までに締結した契約に基づき令和２年10月１日以後に行われる居住用賃貸建物の課税仕入れ等については上記の制限は適用されない。

※２　居住用賃貸建物とは、非課税とされる住宅の貸付けの用に供しないことが明らかな建物（附属設備を含む）以外の建物（税抜価額1,000万円以上の棚卸資産及び調整対象固定資産などに限る）をいう。

16 仕入れに係る消費税額の控除（課税売上割合）

課税売上割合（消法30⑥）

課税売上割合とは、控除対象仕入税額の計算上使用される割合であり、次の算式により算出される。

$$\frac{\text{課税資産の譲渡等の対価の額の合計額}}{\text{資産の譲渡等の対価の額の合計額}} = \frac{\text{課税売上高}}{\text{課税売上高＋非課税売上高}}$$

(1) 課税売上高（分子・分母）

① 総課税売上高（税抜）

国内課税売上高（税込）× $\frac{100}{110}$＋免税売上高

② 課税売上返還等（税抜）

国内課税売上返還等（税込）× $\frac{100}{110}$＋免税売上返還等

③ 純課税売上高（税抜）

①－②

(2) 非課税売上高（分母のみ）

① 株式・公社債等及び金銭債権（※）の譲渡対価×５％＋その他の非課税売上高

② 非課税売上返還等

③ ①－②

※ 金銭債権

資産の譲渡等の対価として取得した金銭債権を除く。

資産の譲渡等の対価の額（消令48）

(1) 有価証券等の譲渡

<table>
<tr><td>有価証券</td><td>国債、地方債、社債、株式、受益証券、ＣＰ、海外ＣＤ</td><td rowspan="2">５％相当額を含める</td></tr>
<tr><td rowspan="3">有価証券に類するもの</td><td>登録国債、金銭債権（売掛金等を除く）</td></tr>
<tr><td>合名・合資・合同会社等の出資者持分</td><td>全額含める</td></tr>
<tr><td>資産の譲渡等の対価として取得した金銭債権（売掛金等）</td><td rowspan="2">全額含めない</td></tr>
<tr><td>支払手段</td><td>現金、小切手、手形、ＴＣ</td></tr>
</table>

(2) 利子・利息等

<table>
<tr><td>利子、保証料、保険料、収益分配金、金銭債権の買取差益、手形の割引料、国債等の償還差益、買現先取引の売戻差益</td><td>非課税売上高に算入</td></tr>
<tr><td>国債等の償還差損、買現先取引の売戻差損</td><td>非課税売上高から控除</td></tr>
</table>

仕入れに係る消費税額の控除（計算方式）

全額税額控除の場合（消法30①）

課税売上割合が95％以上であり、かつ、課税期間における課税売上高が５億円以下の場合には、控除対象仕入税額は仕入れの際に支払った消費税額の全額を課税標準額に対する消費税額から控除することとなり、次の算式により計算する。

控除対象仕入税額	＝	国内課税仕入れに係る消費税額	＋	課税貨物引取りに係る消費税額

（注１）特定課税仕入れがある場合

特定課税仕入れの合計額×7.8％の金額を控除対象仕入税額に含めて計算する。

（注２）控除の時期

仕入れに係る消費税額は、その「課税仕入れを行った日」又は「課税貨物を保税地域から引き取った日（特例申告については特例申告書を提出した日）」の属する課税期間において控除する。

（注３）課税期間における課税売上高

課税売上割合の計算における課税売上高（分子の金額）をいう。

課税売上割合が95％未満の場合等（消法30②）

課税売上割合が95％未満の場合又は課税期間における課税売上高が５億円超の場合には、控除対象仕入税額は、「個別対応方式」又は「一括比例配分方式」という、２つの方式のいずれかにより計算する。

(1) 個別対応方式

消費税の納付税額は、「預かった消費税額」から「支払った消費税額」を控除することにより計算するが、売上げが非課税売上げである場合、預かる消費税額が存在しないため、非課税売上げに対応する課税仕入れ等に係る消費税額は控除することができないこととなる。この考え方に基づいて、控除対象仕入税額を計算する方法が「個別対応方式」である。

<table>
<tr><td>

その課税期間に行った課税仕入れ及び保税地域からの引取りに係る課税貨物につき、次の区分が明らかにされている場合には、個別対応方式により計算する。

① 課税資産の譲渡等にのみ要するもの（課税売上対応）

② その他の資産の譲渡等にのみ要するもの（非課税売上対応）

③ 課税資産の譲渡等とその他の資産の譲渡等に共通して要するもの（共通対応）

</td></tr>
<tr><td>

《個別対応方式の計算式》

控除対象仕入税額＝課税売上対応の税額＋共通対応の税額×課税売上割合（又は準ずる割合）

</td></tr>
</table>

※１　課税仕入れ等の区分経理

課税仕入れ等は以下の３つに区分することとなる。

① 課税資産の譲渡等にのみ要するもの（課税売上対応）

<具体例>

イ　商品等（課税資産）の仕入れ

ロ　商品販売のための広告宣伝費

ハ　商品荷造運搬費

ニ　商品保管用倉庫・商品販売店舗の購入費用

ホ　商品保管用倉庫・商品販売店舗に係る支払家賃、修繕費

ヘ　商品配達用自動車の購入費用

ト　建物売却に係る手数料

チ　ゴルフ場利用株式売却に係る手数料

リ　国外に所在する土地付建物を売却する際に国内の不動産業者に支払った売却手数料

② その他の資産の譲渡等にのみ要するもの（非課税売上対応）

<具体例>

イ　土地売却に係る手数料

ロ　有価証券売却に係る手数料

ハ　土地売却のための土地造成費用

ニ　居住用として賃貸するための建物（居住用賃貸建物を除く）の購入費用

③　課税資産の譲渡等とその他の資産の譲渡等に共通して要するもの（共通対応）

<具体例>

イ　一般管理費

　⑴　通勤手当

　⑵　福利厚生費

　⑶　会社案内などの広告宣伝費

　⑷　水道光熱費、通信費、事務用消耗品費、雑費等

ロ　社屋の購入費用

ハ　社屋に係る支払家賃、修繕費

ニ　土地付建物売却に係る手数料（原則）

ホ　株券の発行に当たって印刷業者に支払う印刷費（消基通11-2-16）

ヘ　株券の発行に当たって証券会社に支払う引受手数料（消基通11-2-16）

※２　課税売上割合に準ずる割合

個別対応方式による場合において、共通対応部分の計算につき、課税売上割合よりも合理的な割合（＝課税売上割合に準ずる割合）を用いることにつき税務署長の承認を受けたときは、共通対応の金額は、課税売上割合に代えてその課税売上割合に準ずる割合を用いて計算した金額とする。

(2)　一括比例配分方式

個別対応方式における区分経理の煩雑さを考慮し、すべての課税仕入れ等を「課税資産の譲渡等とその他の資産の譲渡等に共通して要するもの」と考え、区分経理を不要とした簡便的な計算方法である。

その課税期間に行った課税仕入れ及び保税地域からの引取りに係る課税貨物につき、その区分が明らかにされていない場合には、一括比例配分方式により計算する。
《一括比例配分方式の計算式》 控除対象仕入税額＝課税仕入れ等の税額の合計額×課税売上割合（注）

（注）課税売上割合に準ずる割合の適用はできない。

⑶　一括比例配分方式の選択

課税仕入れ等について区分経理している場合においても、個別対応方式によらず、簡便法である一括比例配分方式で計算することができる。したがって、区分経理をしている場合には、両方式の選択適用を認めている（２年継続適用。⑷参照）。

⑷　一括比例配分方式の継続適用

区分経理をしている事業者が、一括比例配分方式を選択した場合には、その一括比例配分方式を選択した課税期間の初日から、同日以後２年を経過する日までの間に開始する各課税期間においてその方法を継続して適用した後の課税期間でなければ、個別対応方式を適用することはできない。

 課税期間における課税売上高（消法30⑥）

⑴　課税期間が１年である場合
課税期間における課税売上高 ＝ 国内課税資産の譲渡等の対価の額の合計額 － 売上げに係る税抜対価の返還等の金額の合計額 （「残額」）
⑵　課税期間が１年未満の場合
課税期間における課税売上高 ＝ 上記⑴の「残額」× 12 / 課税期間の月数（※１）（※２）

※１　課税期間の月数

１月未満は１月とする。

※２　課税期間が１年でない場合には、上記⑴の残額を課税期間の月数で除し、端数処理をせずにそのまま12を乗ずる。

適用要件（消法30⑦）

「仕入れに係る消費税額の控除」の規定は、事業者がその課税期間の課税仕入れ等の税額の控除に係る帳簿及び請求書等（請求書等の交付を受けることが困難である場合その他一定の場合には帳簿）を保存しない場合には、その保存がないものについては適用しない。

ただし、災害その他やむを得ない事情により、その保存をすることができなかったことを、その事業者において証明した場合は、この限りでない。

(1) 帳簿の記載事項（消法30⑧）

帳簿の記載事項		
	課税仕入れ	①　課税仕入れの相手方の氏名又は名称 ②　課税仕入れを行った年月日 ③　課税仕入れに係る資産又は役務の内容（課税仕入れが他の者から受けた軽減対象資産の譲渡等に係るものである場合には、資産の内容及び軽減対象資産の譲渡等に係るものである旨） ④　課税仕入れに係る支払対価の額（税込）
	課税貨物	①　課税貨物を引き取った年月日（特例申告書を提出した場合には、引き取った年月日及び特例申告書を提出した日等） ②　課税貨物の内容 ③　課税貨物の引取りに係る消費税額及び地方消費税額又はその合計額

※　特定課税仕入れに係るものの場合

①　特定課税仕入れの相手方の氏名又は名称

②　特定課税仕入れを行った年月日

③　特定課税仕入れの内容

④　特定課税仕入れに係る支払対価の額

⑤　特定課税仕入れに係るものである旨

⑵　請求書等の記載事項（消法30⑨）

請求書等の記載事項	課税仕入れ	適格請求書・適格簡易請求書	（適格請求書） ①　適格請求書発行事業者の氏名又は名称及び登録番号 ②　課税資産の譲渡等を行った年月日 ③　課税資産の譲渡等に係る資産又は役務の内容（課税資産の譲渡等が軽減対象資産の譲渡等である場合には、資産の内容及び軽減対象資産の譲渡等である旨） ④　課税資産の譲渡等の税抜価額又は税込価額を税率ごとに区分して合計した金額及び適用税率 ⑤　税率ごとに区分した消費税額等 ⑥　書類の交付を受ける事業者の氏名又は名称 （適格簡易請求書） ①　適格請求書発行事業者の氏名又は名称及び登録番号 ②　課税資産の譲渡等を行った年月日 ③　課税資産の譲渡等に係る資産又は役務の内容（課税資産の譲渡等が軽減対象資産の譲渡等である場合には、資産の内容及び軽減対象資産の譲渡等である旨） ④　課税資産の譲渡等の税抜価額又は税込価額を税率ごとに区分して合計した金額 ⑤　税率ごとに区分した消費税額等又は適用税率 ※　適格請求書発行事業者が、不特定かつ多数の者に課税資産の譲渡等を行う小売業、飲食店業、タクシー業等の事業を行う場合には、適格請求書に代えて、適格簡易請求書を交付することができる。
		仕入明細書・仕入計算書等	（課税仕入れを行った事業者が作成する仕入明細書、仕入計算書等でその記載事項につきその課税仕入れの相手方の確認を受けたもの） ①　書類の作成者の氏名又は名称 ②　課税仕入れの相手方の氏名又は名称及び登録番号 ③　課税仕入れを行った年月日（又は一定の期間）

<table>
<tr><td></td><td>④　課税仕入れに係る資産又は役務の内容（課税仕入れが他の者から受けた軽減対象資産の譲渡等に係るものである場合には、資産の内容及び軽減対象資産の譲渡等に係るものである旨）
⑤　税率ごとに区分して合計した課税仕入れに係る支払対価の額及び適用税率
⑥　税率ごとに区分した消費税額等</td></tr>
<tr><td>課税貨物</td><td>（税関長から交付を受ける輸入許可書等）
①　保税地域の所在地の所轄税関長
②　課税貨物を引き取ることができることとなった年月日(特例申告書を提出した場合には、引き取ることができることとなった年月日及び特例申告書を提出した日等)
③　課税貨物の内容
④　課税貨物に係る消費税の課税標準である金額並びに引取りに係る消費税額及び地方消費税額
⑤　書類の交付を受ける事業者の氏名又は名称</td></tr>
</table>

簡易課税制度

原則的な仕入税額控除の手続は煩雑であることから、一定規模以下の中小事業者に対しては、課税標準額に対する消費税額のみから納付税額を計算できる簡易な方法を選択・採用することを認めている。

簡易課税制度を適用した場合の控除対象仕入税額の計算式

（消法37①）

控除対象仕入税額 ＝ （課税標準額に対する消費税額 ＋ 貸倒回収に係る消費税額 － 返還等対価に係る消費税額） × みなし仕入率

（課税標準額に対する消費税額 ＋ 貸倒回収に係る消費税額 － 返還等対価に係る消費税額）＝ 基礎となる消費税額

みなし仕入率（消令57）

(1) 各業種ごとのみなし仕入率

みなし仕入率は、次表のように、6つの業種ごとに定められている。

区　分	業　種	みなし仕入率
第一種事業	卸売業	90%
第二種事業	小売業	80%
第三種事業	製造業等	70%
第四種事業	その他	60%
第五種事業	サービス業等	50%
第六種事業	不動産業	40%

① 第一種事業（卸売業）とは

他の者から購入した商品をその性質及び形状を変更しないで他の事業者に対して販売する事業をいう。

② 第二種事業（小売業）とは

イ　他の者から購入した商品をその性質及び形状を変更しないで販売する事業

で、第一種事業以外のものをいい、具体的には、消費者に対して商品を販売する場合をいう。

ロ　自動販売機により仕入商品等を販売した場合には、事業者以外の者に対する販売に該当することから、第二種事業に該当する。

ハ　農業、林業、漁業のうち飲食料品の譲渡を行う部分については、第二種事業に該当する。

③　第三種事業（製造業等）とは

イ　次に掲げる事業をいう。

(イ) 農業　(ロ) 林業　(ハ) 漁業　(ニ) 鉱業　(ホ) 建設業

(ヘ) 製造業（製造した棚卸資産を小売する事業を含む。）

(ト) 電気業、ガス業、熱供給業及び水道業

ロ　天然水を採取して瓶詰等して販売する事業、及び新聞、書籍等の発行、出版事業は第三種事業に該当する。

ハ　加工賃その他これに類する料金を対価とする役務の提供を行う事業（いわゆる下請け業）は除かれ、第四種事業となる。

④　第四種事業（その他）とは

第一種事業、第二種事業、第三種事業、第五種事業及び第六種事業以外の事業をいい、具体的には次の事業が該当する。

イ　飲食店業

ロ　事業用固定資産等の売却

⑤　第五種事業（サービス業等）とは

次に掲げる事業をいう。

イ　運輸通信業

ロ　金融保険業

ハ　サービス業（飲食店業に該当するものを除く。）

⑥　第六種事業（不動産業）とは

不動産の賃貸、管理、仲介などを行う事業をいう。

⑵　簡易課税制度に係る業態別事業区分の具体例

①　事業者が主として卸・小売業を営んでいる場合

	事業内容		事業区分	留意事項
1	他の者からの仕入商品の販売	イ　販売先が事業者の場合	第一種事業	（注１）
		ロ　販売先が消費者の場合	第二種事業	
2	仕入商品の販売等に伴い生じた段ボール等（不要物品等）の売却	イ　仕入商品の販売先が事業者の場合	第一種事業	事業付随収入（注２）
		ロ　仕入商品の販売先が消費者の場合	第二種事業	
3	自己の製造製品の販売	イ　販売先が事業者の場合	第三種事業	実質、製造業
		ロ　販売先が消費者の場合		
4	商品運搬用トラック等の売却		第四種事業	（注３）

（注１）性質及び形状を変更しないことの意義（消基通13-2-2）

卸売業及び小売業における「性質及び形状を変更しないで販売する」とは、他の者から購入した商品をそのまま販売することをいう。

なお、商品に対して、例えば、次のような行為を施したうえでの販売であっても「性質及び形状を変更しないで販売する」場合に該当するものとして取り扱う。

(イ)　他の者から購入した商品に、商標、ネーム等をはり付け又は表示する行為

(ロ)　運送の利便のために分解されている部品等を単に組み立てて販売する場合、例えば、組立て式の家具を組み立てて販売する場合のように仕入商品を組み立てる行為

(ハ)　２以上の仕入商品を箱詰めする等の方法により組み合わせて販売する場合の、その組合せ行為

（注２）廃材（品）、加工くず等の売却収入の事業区分（消基通13-2-8）

第一種事業又は第二種事業のうち小売業から生じた段ボール等の不要物品等（その事業者が事業の用に供していた固定資産等を除く。以下「不要物品等」という。）の譲渡を行う事業は、第四種事業に該当するのであるが、その事業者がその不要物品等が生じた事業区分に属するものとして処理しているときには、これを認める。

（注３）固定資産等の売却収入の事業区分（消基通13-2-9）

事業者が自己において使用していた固定資産等の譲渡を行う事業は、第四種事業に該当する。

② 事業者が主として製造業を営んでいる場合

	事業内容		事業区分	留意事項
1	製品の製造販売	イ 材料を自ら購入した場合	第三種事業	典型的な製造業
		ロ 材料の支給を受けた場合	第四種事業	（注４）
2	材料を自ら購入し、下請加工（条件は予め指示）させて完成品として販売		第三種事業	いわゆる製造問屋（注５）
3	特注品等の製造を受注し、下請先（外注先）に製造させ顧客に引き渡す事業		第三種事業	製造の請負事業（注５）
4	加工屑、副産物等の譲渡		第三種事業	事業付随収入（注６）
5	中古の製造用機械の売却		第四種事業	（注３）

（注４）加工賃その他これに類する料金を対価とする役務の提供の意義（消基通13-2-7）

「加工賃その他これに類する料金を対価とする役務の提供」とは、日本標準産業分類の大区分で判定した結果、製造業等に該当することとなる事業のうち、対価たる料金の名称のいかんを問わず、他の者の原料若しくは材料又は製品等に加工等を施して、その加工等の対価を受領する役務の提供又はこれに類する役務の提供をいう。

なお、その役務の提供を行う事業は第四種事業に該当する。

※ 日本標準産業分類の大区分で判定した結果がサービス業等に該当することとなる事業に係るものは、加工賃その他これに類する料金を対価とする役務の提供を行う事業であっても第五種事業に該当する。

（注５）製造業等に含まれる範囲（消基通13-2-5）

次の事業は、第三種事業に該当するものとして取り扱う。

(イ) 自己の計算において原材料等を購入し、これをあらかじめ指示した条件に従って下請加工させて完成品として販売する、いわゆる製造問屋としての事業

なお、顧客から特注品の製造を受注し、下請先（又は外注先）等にその製品を製造させ顧客に引き渡す事業は、顧客からその特注品の製造を請け負うものであるから、原則として第三種事業に該当する。

(ロ) 自己が請け負った建設工事（第三種事業に該当するものに限る。）の全部を下請に施工させる元請けとしての事業

(ハ) 天然水を採取して瓶詰等して人の飲用に販売する事業

(ニ) 新聞、書籍等の発行、出版を行う事業

（注６）廃材（品）、加工くず等の売却収入の事業区分（消基通13-2-8）

第三種事業に該当する建設業、製造業等に係る事業に伴い生じた加工くず、副産物等の譲渡を行う事業は、第三種事業に該当する。

③　事業者が主として建設業を営んでいる場合

	事　業　内　容		事業区分	留意事項
1	建設の請負工事	イ　材料を自ら購入した場合	第三種事業	典型的な建設業
		ロ　材料の支給を受けた場合	第四種事業	（注４）
2	自己の請負建設工事（第三種事業に該当）の全部を下請けに施工させる元請事業		第三種事業	いわゆる「工事の丸投げ」（注５）
3	建築物の改造・修繕		第三種事業	建設業務の一部
4	加工屑、副産物等の譲渡		第三種事業	事業付随収入（注６）
5	資材運搬用トラックの売却		第四種事業	（注３）

④　事業者が主として不動産業を営んでいる場合

	事　業　内　容		事業区分	留意事項
1	棚卸資産（購入した建物）の販売	イ　販売先が事業者の場合	第一種事業	実質、卸売業
		ロ　販売先が消費者の場合	第二種事業	実質、小売業
2	自己建設した建売住宅の販売	イ　販売先が事業者の場合	第三種事業	実質、建設業
		ロ　販売先が消費者の場合		
3	不動産の賃貸（→受取家賃等）		第六種事業	典型的な不動産業
4	不動産（他社物件）の管理			
5	不動産の売買などの仲介（→仲介手数料）			

（注７）第三種事業、第五種事業及び第六種事業の範囲（消基通13-2-4）

第三種事業に該当することとされている製造業等及び第五種事業に該当することとされているサービス業等並びに第六種事業に該当することとされている不動産業の範囲は、おおむね日本標準産業分類（総務省）の大分類に掲げる分類を基礎として判定する。

なお、日本標準産業分類の大分類の区分では製造業等、サービス業等又は不動産業に該当することとなる事業であっても、他の者から購入した商品をその性質及び形状を変更しないで販売する事業は、第一種事業又は第二種事業のうち小売業に該当する。

※　例えば、建売住宅を販売する建売業のうち、自ら建築施工しないものは、日本標準産業分類では「不動産業、物品賃貸業」に該当するが、他の者が建築した住

宅を購入してそのまま販売するものであるから、第一種事業又は第二種事業のうち小売業に該当し、また、自ら建築した住宅を販売するものは、第三種事業に該当する。

⑤　事業者が主として飲食店業を営んでいる場合

<table>
<tr><th colspan="4">事　業　内　容</th><th>事業区分</th><th>留意事項</th></tr>
<tr><td rowspan="4">飲食設備あ　り</td><td>1</td><td colspan="2">飲食物を主としてその場で飲食させる事業（出前を含む。）</td><td>第四種事業</td><td>飲 食 店 業</td></tr>
<tr><td>2</td><td colspan="2">飲食物（自己の製造したもの）を持ち帰り用として販売する事業</td><td>第三種事業</td><td>製造小売業</td></tr>
<tr><td rowspan="2">3</td><td rowspan="2">飲食物（他の者からの仕入商品）を持ち帰り用として販売する事業</td><td>イ　販売先が事業者</td><td>第一種事業</td><td>実質、卸売業</td></tr>
<tr><td>ロ　販売先が消費者</td><td>第二種事業</td><td>実質、小売業</td></tr>
<tr><td rowspan="3">飲食設備な　し</td><td>4</td><td colspan="2">飲食物（自己の製造したもの）を専ら宅配の方法により販売する事業</td><td>第三種事業</td><td>製造小売業</td></tr>
<tr><td rowspan="2">5</td><td rowspan="2">飲食物（他の者からの仕入商品）を持ち帰り用として販売する事業</td><td>イ　販売先が事業者</td><td>第一種事業</td><td>実質、卸売業</td></tr>
<tr><td>ロ　販売先が消費者</td><td>第二種事業</td><td>実質、小売業</td></tr>
</table>

（注８）旅館等における飲食物の提供（消基通13-2-8の2）

第五種事業のサービス業から除くこととされている「飲食店業に該当するもの」とは、例えば、旅館、ホテル等の宿泊施設を経営する事業者が、宿泊者に対して宿泊に係る役務の提供に併せてその宿泊施設において飲食物の提供を行う場合又は宿泊者以外の者でも利用することができるその宿泊施設内の宴会場、レストラン、バー等において飲食物の提供を行う場合において、請求書、領収書等によりその飲食物の提供に係る対価の額を宿泊に係る役務の提供に係る対価の額と明確に区分して領収することとしているときのその飲食物の提供が該当する。

なお、食堂、レストラン、喫茶店、そば店、バー、キャバレー、酒場等（以下「食堂等」という。）のように、飲食のための設備を設けて、主として客の注文に応じその場所で飲食させる事業は、日本標準産業分類の大分類の区分も飲食サービス業とされており第四種事業に該当する。

※1　食堂等が行う飲食物（店舗において顧客に提供するものと同様の調理済みのものに限る。）の出前は食堂等としての事業であり、第四種事業に該当するが、食堂等が自己の製造した飲食物を持ち帰り用として販売する事業は、製造小売業として第三種事業に該当する。

※2　飲食のための設備を設けずに、自己の製造した飲食物を専ら宅配の方法により販売する事業は、製造小売業として第三種事業に該当する。

旅館、ホテル等の宿泊施設に係る売上高	宿泊料と食事代が明確に区分されていない場合の料金（例）１泊２食付 20,000円	20,000円全額が第五種事業
	旅館、ホテル等内のレストラン等での飲食代（宿泊費とは明確に区分されている。）	第四種事業

⑥　その他

イ　自動販売機による販売

自動販売機により資産の譲渡を行った場合には、事業者以外の者に対する販売に該当することから、仕入商品等を販売した場合には第二種事業に該当する。

ロ　自動販売機の設置手数料

自動販売機を他の者に設置させ、手数料を収受する場合には第五種事業に該当する。

ハ　損害保険代理業

損害保険の代理店業務を行うことにより損害保険会社から収受する手数料収入は第五種事業に該当する。

ニ　人格のない社団等に対する販売

人格のない社団等は、法人とみなして、消費税法を適用する。

したがって、人格のない社団等に対する仕入商品等の販売は第一種事業に該当する。

ホ　みなし譲渡をした場合の事業区分

	他から仕入れた商品	自己が製造した製品	事業用資産
個人事業者	第二種事業	第三種事業	第四種事業
法　　人			

(3)　２業種以上の事業を行う場合のみなし仕入率

事業者が１業種の事業しか行わない場合のみなし仕入率については、前述したそれぞれのみなし仕入率を適用することとなるが、事業者が２業種以上の事業を行っている場合のみなし仕入率は次の方法により計算することとなる。

原　則		売上げに係る消費税額のうちに第一種事業から第六種事業に係る消費税額にそれぞれのみなし仕入率を乗じて計算した金額の合計額の占める割合とする。
特　例	特定一事業で75%以上	２種類以上の事業を営む事業者で、特定一事業の課税売上高が全体の75%以上を占める場合には、その75%以上を占める特定一事業のみなし仕入率をその特定一事業以外の事業に係る消費税額に対しても適用することができる。
	特定二事業で75%以上	３種類以上の事業を営む事業者で、特定二事業の課税売上高の合計額が全体の75%以上を占める場合には、その特定二事業のうち低い方のみなし仕入率をその特定二事業以外の事業に係る消費税額に対しても適用することができる。
	事業区分をしていない場合の特例	２種類以上の事業を営む事業者が、課税資産の譲渡等の内容を事業ごとに区分していない場合には、その区分していない課税資産の譲渡等については、そのうち最も低いみなし仕入率の事業に係るものとして、みなし仕入率を適用する。

適用要件（消法37①）

(1)　課税事業者であること。

(2)　前課税期間末までに「消費税簡易課税制度選択届出書」を提出していること。

(3)　基準期間における課税売上高が5,000万円以下の課税期間（分割等に係る課税期間を除く。）であること。

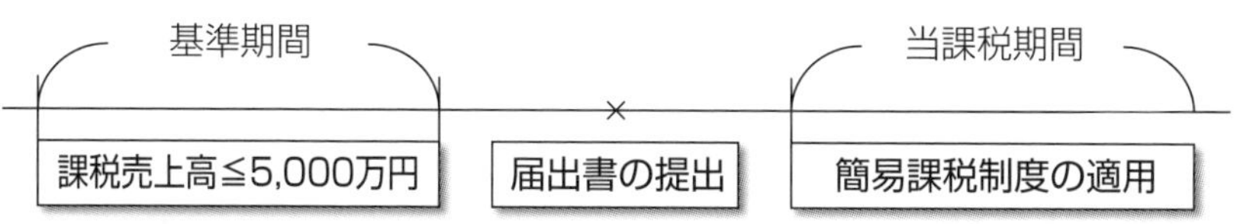

 消費税簡易課税制度選択届出書（消法37①）

課税事業者が、その納税地の所轄税務署長にその基準期間における課税売上高が5,000万円以下である課税期間について簡易課税制度選択届出書を提出した場合には、その提出をした日の属する課税期間の翌課税期間以後の課税期間については、課税標準額に対する消費税額から控除することができる課税仕入れ等の税額の合計額は、原則にかかわらず、簡易課税により計算した金額とする。

 調整対象固定資産の仕入れ等を行った場合（消法37③④）

(1) 選択届出書の提出制限

簡易課税の適用を受けようとする事業者が、調整対象固定資産の仕入れ等を行った場合において、次の①又は②に該当するときは、その仕入れ等の日の属する課税期間の初日から同日以後３年を経過する日の属する課税期間の初日の前日までの期間は、「消費税簡易課税制度選択届出書」を提出することができない。

① その仕入れ等に係る課税事業者選択不適用届出書の提出制限を受ける場合

② 新設法人のその基準期間がない事業年度に含まれる各課税期間中にその仕入れ等を行った場合

ただし、事業を開始した日の属する課税期間等から簡易課税の適用を受けようとする場合には、消費税簡易課税制度選択届出書を提出することができる。

<ケース１>　課税事業者となった１期目に調整対象固定資産の仕入れ等をした場合

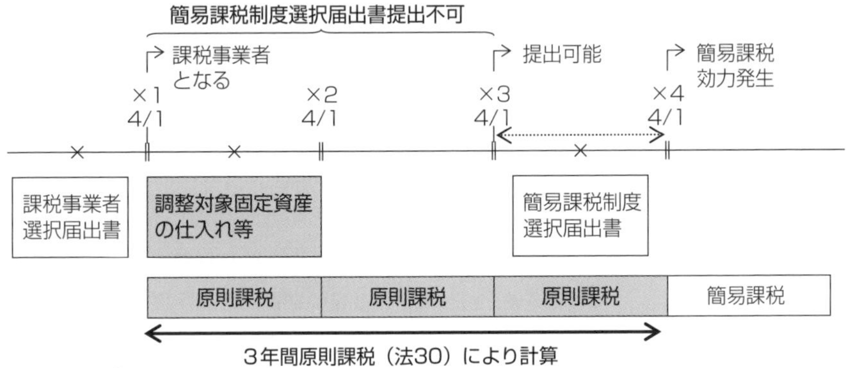

<ケース２>　新設法人が設立課税期間から簡易課税制度を選択する場合

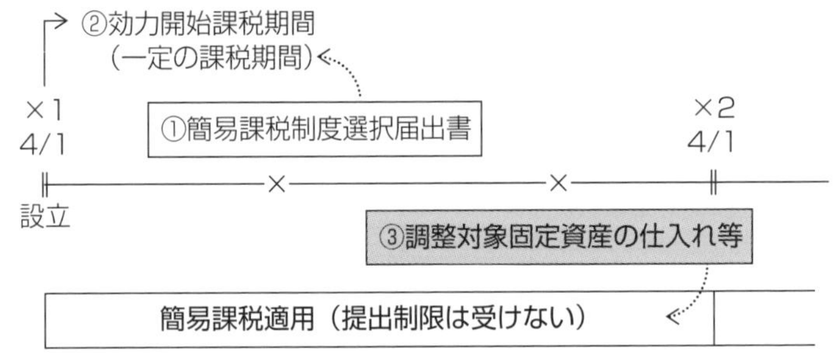

⑵　選択届出書の提出がなかったものとみなす場合

⑴の場合において、その仕入れ等の日の属する課税期間の初日からその仕入れ等の日までの間に簡易課税制度選択届出書をその納税地の所轄税務署長に提出しているときは、その届出書の提出は、なかったものとみなす。

＜ケース１＞　課税事業者となった２期目に調整対象固定資産の仕入れ等をした場合

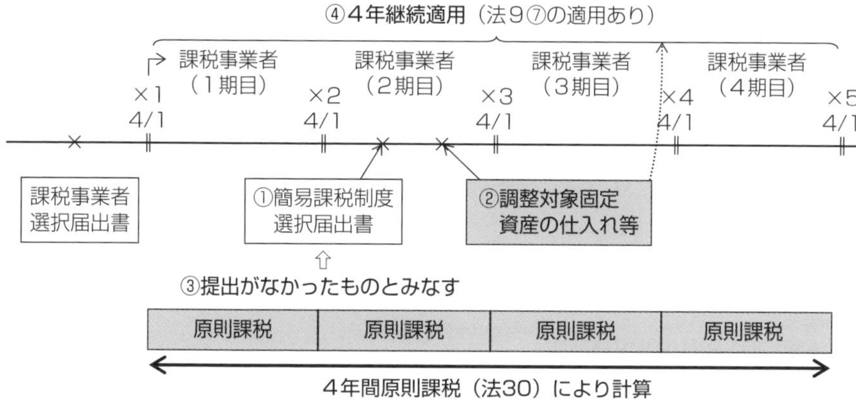

 消費税簡易課税制度選択不適用届出書（消法37④⑤）

> 消費税簡易課税制度選択届出書を提出した事業者は、その規定の適用を受けることをやめようとするとき又は事業を廃止したときは、「消費税簡易課税制度選択不適用届出書」を納税地の所轄税務署長に提出しなければならない。

(1) 不適用届出書の提出制限

適用をやめようとする場合には、選択届出書を提出した課税期間の「翌課税期間」（選択届出書の効力が生じた初めての課税期間）の初日から２年を経過する日の属する課税期間の初日以後でなければ、不適用届出書を提出することはできない（＝２年継続適用）。

(2) 不適用となる期日

不適用届出書の提出があった日の属する課税期間の末日の翌日以後は、簡易課税制度の選択の効力はなくなる。

宥恕規定（消法37⑧）

やむを得ない事情があるため、その課税期間の初日の前日までに届出書を提出できなかった場合には宥恕規定がある。

この宥恕規定の適用を受けようとする場合には、「消費税簡易課税制度選択（不適用）届出に係る特例承認申請書」を提出しなければならない。

高額特定資産の仕入れ等を行った場合（消去37③④）

(1) 選択届出書の提出制限

簡易課税の適用を受けようとする事業者が、高額特定資産の仕入れ等を行った場合には、その仕入れ等の日の属する課税期間の初日から同日（※）以後３年を経過する日の属する課税期間の初日の前日までの期間は、「消費税簡易課税制度選択届出書」を提出することができない。

ただし、事業を開始した日の属する課税期間等から簡易課税の適用を受けようとする場合には、消費税簡易課税制度選択届出書を提出することができる。

※　自己建設高額特定資産にあっては、その建設等が完了した日の属する課税期間の初日

【図　解】棚卸資産又は固定資産の場合

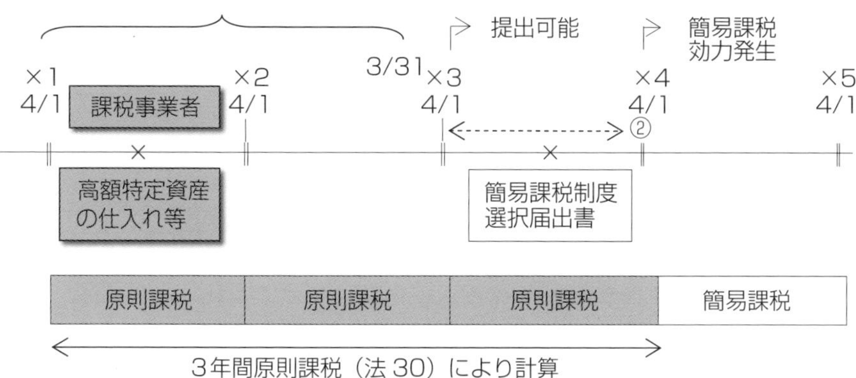

⑵　選択届出書の提出がなかったものとみなす場合（法37④）

⑴の場合において、その仕入れ等の日の属する課税期間の初日からその仕入れ等の日までの間に簡易課税制度選択届出書をその納税地の所轄税務署長に提出しているときは、その届出書の提出は、なかったものとみなす。

19 売上げに係る対価の返還等

売上げの返品や値引き・割戻し等は、売上げのマイナス項目である。したがって、消費税法は、課税標準額に対する消費税額から、その返品等に係る消費税額を控除することとしている。これらの項目を総称して「売上げに係る対価の返還等」という。

売上げに係る対価の返還等の具体的範囲

(1)　売上返品
(2)　売上値引
(3)　売上割戻
(4)　売上割引
(5)　販売奨励金
(6)　事業分量配当金

売上げに係る対価の返還等の処理（消法38①）

国内において行った課税売上げ（免税売上げを除く。）について、売上げに係る対価の返還等をした場合には、その返還等をした日の属する課税期間（※１）の「課税標準額に対する消費税額」から、その「売上げに係る対価の返還等に係る消費税額（※２）の合計額」を控除する。

※１　控除の時期

売上げに係る対価の返還等に係る消費税額は、その「返還等をした日の属する課税期間」において控除する。たとえ、その返還等が前期以前の売上げに係るものであっても処理が必要である。

※２　計算パターン

売上げに係る税込対価の返還等 × $\frac{7.8}{110}$ ＝ 売上げに係る対価の返還等に係る消費税額（注）

（注） 適格返還請求書に記載した消費税額等× $\frac{78}{100}$ とすることもできる。

 適用要件（消法38②）

この規定の適用を受けるためには、その売上げに係る対価の返還等の明細（年月日、内容、金額、相手先の氏名等）を記録した帳簿を保存しなければならず、その保存のないものについては、適用しない。

ただし、災害その他やむを得ない事情によりその保存をすることができなかったことをその事業者において証明した場合には、この限りではない。

20 貸倒れ

売掛金等が貸倒れとなった場合には、その実質は、対価を得ていないこととなんら変わりがないため、課税標準額に対する消費税額から、その貸倒れに係る消費税額を控除することにより、その税額を調整することとしている。

貸倒れの範囲（消法39①、消令59①）

(1) 法的な債権の消滅
- ① 更生計画認可の決定
- ② 再生計画認可の決定
- ③ 特別清算に係る協定の認可の決定
- ④ 債権者集会の協議決定

(2) 債務者の財産状況・支払能力等からみて債務の全額が回収不能　　など

貸倒れの処理（消法39①）

国内において行った課税売上げ（免税売上げを除く。）について、その売掛金等の債権が貸倒れとなった場合には、その貸倒れとなった日の属する課税期間（※１）の「課税標準額に対する消費税額」から、その「貸倒れに係る消費税額（※２）の合計額」を控除する。

※１　控除の時期

貸倒れに係る消費税額は、その「貸倒れとなった日の属する課税期間」において控除する。たとえ、その貸倒れが前期以前の売上げに係るものであっても処理が必要である。

※２　計算パターン

$$貸倒れの税込金額 \times \frac{7.8}{110} = 貸倒れに係る消費税額$$

 適用要件（消法39②）

この規定の適用を受けるためには、貸倒れの事実を証する書類を保存しなければならず、その保存のないものについては、適用しない。

ただし、災害その他やむを得ない事情によりその保存をすることができなかったことをその事業者において証明した場合には、この限りではない。

 貸倒れの回収があった場合（消法39③）

貸倒れとして処理した売掛金等を領収したときは、その領収した税込価額に係る消費税額（※１）を「課税資産の譲渡等に係る消費税額」とみなして、その領収をした日の属する課税期間（※２）の「課税標準額に対する消費税額」に加算する。

※１　計算パターン

領収した売掛金等の税込金額 × $\frac{7.8}{110}$（注） ＝ 貸倒回収に係る消費税額

（注）令和元年10月１日以後の課税売上げ（10％）の場合であり、令和元年９月30日までに行われた課税売上げ（８％）に係る債権の回収については、$\frac{6.3}{108}$を乗じることとなる。

※２　処理の時期

貸倒回収に係る消費税額は、その「領収をした日の属する課税期間」において処理する。

21 確定申告

国内取引の納税義務者は、一課税期間に係る納付税額を計算し、確定申告すると共に、その税額を納付しなければならない。

確定申告書の提出義務者（消法45①）

課税事業者は、各課税期間の末日の翌日から２月以内（提出期限の特例の適用を受ける場合には３月以内）に、税務署長に対して、所定の事項を記載した確定申告書を提出しなければならない。なお、個人事業者のその年の12月31日の属する課税期間については、申告書の提出期限が翌年３月末日とされている。

確定申告書は、事業者単位で提出するもので、本支店等単位で提出することはできない。

なお、課税事業者であっても次に掲げる場合で、かつ、差引税額がない場合には、確定申告義務はない。

⑴　その課税期間において国内における課税資産の譲渡等がない場合

⑵　その課税期間において国内における課税資産の譲渡等がある場合でも、その課税資産の譲渡等の全部につき輸出免税等により消費税が免除されるものであるとき

添付書類（消法45⑤）

> その課税期間中の資産の譲渡等の対価の額及び課税仕入れ等の税額の明細その他の事項を記載した書類を添付しなければならない。

（注）消費税の還付申告書を提出する場合には、「消費税の還付申告に関する明細書」を添付しなければならない。

還付を受けるための申告

確定申告書の提出義務がない課税事業者であっても、税額計算の結果、消費税の還付を受けられるような場合には、その還付を受けるために還付を受けるための申告書を提出することができる。

還付を受けるための申告書を提出できる者

（消法46①）

「確定申告義務がない課税事業者」とは、課税事業者のうち、免税売上げ以外の課税売上げがなく、かつ、差引税額がない者をいい、具体的には輸出免税売上げのみを行う事業者などがこれに該当する。この事業者は、控除不足額の還付を受けるために申告書を提出することができる。

添付書類（消法46③）

その課税期間中の資産の譲渡等の対価の額及び課税仕入れ等の税額の明細その他の事項を記載した書類を添付しなければならない。

（注）消費税の還付申告書を提出する場合には、「消費税の還付申告に関する明細書」を添付しなければならない。

23 中間申告

消費税は間接税であるため、消費者から預かった消費税額は、早期に国に納付されることが望ましい。そのため、直前の課税期間の確定消費税額に応じて、課税期間の中途において中間申告の義務を負わせている。

中間申告の提出義務者（消法42）

課税事業者（※）は、その直前の課税期間の確定消費税額（差引税額）に応じて中間申告書を提出する義務がある。

前　期　｜　当　期

前期の確定消費税額（国税）	当期の中間申告回数	
4,800万円超	11　回	⇨ 一月中間申告
400万円超4,800万円以下	3　回	⇨ 三月中間申告
48万円超400万円以下	1　回	⇨ 六月中間申告
48万円以下	0　回（1回）	⇨ 届出により任意の六月中間申告が可能

※　中間申告義務のない事業者

(1)　免税事業者

(2)　課税期間の特例（短縮・変更）の届出書を提出している事業者

(3)　課税期間が3月（6月）を超えない法人

(4)　個人事業者の事業を開始した日の属する課税期間

(5)　新たに設立された法人（新設合併を除く）の設立の日の属する課税期間

仮決算による場合（消法43）

中間納付税額の計算にあたり、中間申告対象期間を一課税期間とみなして、確定申告に準じた方法により、中間納付税額の計算を行うことができる。

なお、仮決算をして中間申告書を提出する場合において、課税標準額に対する消費税額から控除されるべき税額を控除して控除不足額が生じるとしても、その控除不足額につき還付を受けることはできない。

 前期納税実績と仮決算の選択

事業者は、「前期納税実績」と「仮決算」の両方で求めた中間納付税額のうち有利な方を選択し適用することができる。

 みなし中間申告（消法44）

中間申告書を提出すべき事業者がその中間申告書をその提出期限までに提出しなかった場合には、その提出期限において、税務署長に直前の課税期間の確定消費税額に応じた中間申告書の提出があったものとみなされる。

したがって、仮決算による中間申告書を提出する場合には、その提出期限までに提出する必要がある。

 任意の中間申告（消法42⑧⑨⑩⑪）

直前の課税期間の確定消費税額が48万円以下であることにより、その六月中間申告対象期間（注）につき、任意の中間申告書を提出する旨の届出書を納税地の所轄税務署長に提出しているときは、届出書の提出日以後にその末日が最初に到来する六月中間申告対象期間から、自主的に中間申告・納付を行うこととなる。

（注）その課税期間開始の日以後六月の期間をいう。

なお、上記の届出書を提出した事業者が、その六月中間申告書に係る申告書を提出期限までに提出しなかった場合には、任意の中間申告書を提出することの取りやめ届出書を六月中間申告対象期間の末日に納税地の所轄税務署長に提出したものとみなす。

24 納税地

 個人事業者の納税地（消法20）

(1) 原　則

国内に住所を有する場合	住所地
国内に住所を有せず、居所を有する場合	居所地
国内に住所及び居所を有せず、国内に事務所等を有する者である場合	事務所等の所在地（その事務所等が２以上ある場合には、主たるものの所在地）
上記以外の場合	一定の場所

(2) 特　例

所得税法に規定する納税地の特例に関する書類を提出した場合には、提出があった日後における資産の譲渡等に係る消費税の納税地は次のようになる。

住所及び居所を有する場合で、居所地を納税地とする場合	居所地が所得税及び消費税に係る納税地
住所及び事務所等を有する場合で、事務所等を納税地とする場合	事務所等の所在地が所得税及び消費税に係る納税地
居所及び事務所等を有する場合で、事務所等を納税地とする場合	事務所等の所在地が所得税及び消費税に係る納税地

※　納税地の特例の不適用に関する書類を提出した場合には、提出があった日後における資産の譲渡等に係る消費税の納税地は、(1)に定める場所となる。

⑶ 個人事業者が死亡した場合

個人事業者が死亡した場合には、その死亡した者の資産の譲渡等に係る消費税の納税地は、その相続人の資産の譲渡等に係る消費税の納税地によらず、その死亡当時におけるその死亡した者の資産の譲渡等に係る消費税の納税地とする。

法人の納税地（消法22）

⑴ 原　則

内国法人である場合	その本店又は主たる事務所の所在地
内国法人以外の法人で国内に事務所等を有する法人である場合	その事務所等の所在地（その事務所等が２以上ある場合には、主たるものの所在地）
上記以外の場合	一定の場所

⑵ 合併があった場合（消基通2-2-2）

法人が合併した場合において、その合併に係る被合併法人のその合併の日後における消費税の納税地は、その合併に係る合併法人の納税地による。

第2章

消費税　課否判定表

損益計算書科目

売上高

項　目	具 体 的 事 例	判　定 参照法令
売　上		
商品・製品売上げ	(1) 国内において、事業者が事業として対価を得て行う課税資産の譲渡（輸出以外）	課 消基通5-1-1
	(2) 国内において、事業者が事業として対価を得て行う課税資産の譲渡（輸出）	免
	(3) 国外にある資産の譲渡	不
	(4) 三国間取引	不
	(5) 国外における生産設備等の建設又は製造に関して、調査、企画、立案、助言、監督、検査等のために人材が派遣された場合において、その建設等に必要な資材の大部分が国外で調達されたとき	不 消令6②五
	(6) 事業者が外注先等に対して外注加工に係る原材料等を支給する場合で、その支給に係る対価を収受することとしているとき（有償支給）	課 消基通5-2-16

項目	具体的事例	判定 参照法令
	(7) 事業者が外注先等に対して外注加工に係る原材料等を支給する場合で、その支給に係る対価を収受することとしているケースであっても事業者がその支給に係る原材料等を自己の資産として管理しているとき	 消基通5-2-16
	(8) びん・缶又は収納ケース等込みで資産を譲渡する場合に、容器等込みで資産を引き渡す際に収受し、当該資産を消費等した後に空の容器等を返却したときは返還することとされている保証金等	 消基通5-2-6
	(9) 国内において行う飲食料品の譲渡	 軽減 消法29①二
	(10) 国内において行う一定の新聞の定期購読契約に基づく譲渡	 軽減 消法29①二
	(11) コンビニエンスストアでの新聞の販売 **注意点** コンビニエンスストアでの新聞の販売は、定期購読契約に基づくものでない	
	(12) インターネットを通じて配信する電子版の新聞の提供 **注意点** 電子版の新聞の提供は、電気通信利用役務の提供に該当し、定期購読契約に基づく新聞の譲渡に該当しない	 消法2①八の三

項目	具体的事例	判定 参照法令
	⒀ 飲食設備のある場所において行う食事の提供	課 消法29①二、 別表第一 消令2の4① 消基通5-9-7
	⒁ 畜産業で生きている牛の販売	課
	⒂ 家畜の枝肉の販売	課 軽減
	⒃ 家畜の飼料の販売	課
	⒄ ペットフードの販売	課
	⒅ コーヒーの生豆の販売	課 軽減
	⒆ もみの販売	課 軽減
	⒇ 種もみの販売	課
	(21) 果物の苗木の販売	課
	(22) 植物の種子の販売	課
	(23) 人の食用に供されるかぼちゃの種の販売	課 軽減

項目	具体的事例	判定 参照法令
	 ⑷ 飲料水の販売	 課 軽減
	㉕ かき氷用の氷や飲料に入れて使用される氷の販売	 課 軽減
	㉖ ドライアイスや保冷用の氷の販売	 課
	㉗ ウオーターサーバーのレンタル及びウオーターサーバー用の水の販売 ① ウオーターサーバーのレンタル	 課
	② ウオーターサーバー用の水の販売	 課 軽減
	㉘ 賞味期限切れの食品の廃棄のための譲渡	 課
	㉙ お酒の販売	 課
	㉚ 酒税法に規定する酒類に該当するみりんや料理酒の販売	 課
	㉛ 酒税法に規定する酒類に該当しないみりん風調味料（アルコール分１度未満）の販売	 課 軽減
	㉜ ノンアルコールビールや甘酒（アルコール分１度未満）の販売	 課 軽減

項目	具体的事例	判定 参照法令
	⑶ 日本酒を製造するための米の販売	課 軽減
	⒁ 食品添加物として、食品表示法に規定する表示をしている重曹の販売	課 軽減
	⒂ 医薬品の販売	課
	⒃ 医薬部外品の販売	課
	⒄ 再生医療等製品の販売	課
	⒅ 医薬部外品に該当する栄養ドリンクの販売	課
	⒆ 医薬品や医薬部外品に該当しない栄養ドリンクの販売	課 軽減
	⒇ 特定保健用食品の販売	課 軽減
	(41) 栄養機能食品の販売	課 軽減
	(42) 健康食品や美容食品で医薬品等に該当しないものの販売	課 軽減
	(43) 飲食料品を販売する際に別途対価を定めている場合のその包装材料等の譲渡	課 消基通5-9-2（注）1

項目	具体的事例	判定 参照法令
	㈬ 洋菓子の販売で、保冷剤を付ける場合に保冷剤について別途対価を収受する場合における保冷剤の譲渡	
	㈭ 自動販売機のジュース、パン、お菓子の販売	  消基通5-9-5
	㈮ カタログギフトの販売	
	㈯ 食品のみを掲載するカタログギフトの販売 **注意点** カタログギフトの販売は、カタログを提示するとともに受贈者の選択した商品を手配する一連のサービスを内容とする役務の提供を行うものなので、飲食料品の譲渡に該当しない	
	㈰ レストランに対してレストラン内で提供する食事の食材の販売	 
	㈱ 飲食料品の譲渡で、送料として別途対価を求める場合の送料	
	㈲ 別途送料を求めない送料込みの飲食料品の販売	
	㈳ 食品と食品以外の資産が一体として販売されるもの（あらかじめ一の資産を構成し、又は構成しているもので、その一の資産に係る価格のみが提示されているもの）で、次の要件を満たすものの販売 ① 税抜譲渡対価の額が１万円以下 ② 食品の価額の占める割合が３分の２以上	 消法29①二、別表第一 消令2の3

項目	具体的事例	判定 参照法令
	(52) 食品と食品以外の資産を組み合わせた一の詰め合わせ商品について、当該詰め合わせ商品の価格とともに、これを構成する個々の商品の価格を内訳として提示している場合 （例）1,000円（内訳A商品（飲食料品）400円、B商品（飲食料品）300円、C商品（飲食料品以外）300円） ① A商品とB商品	課 軽減
	② C商品 **注意点** 個々の価格が提示されているので一体資産に該当しない。したがって、商品ごとに適用税率を判定	課 消基通5-9-3
会報等の発行	(1) 同業者団体、組合等が対価を得て行う会報又は機関紙の発行	課 消基通5-2-3
	(2) 会報、機関紙が同業者団体、組合等の通常の業務運営の一環として発行され、その構成員に配布される場合 **注意点** 会報等の発行費用がその構成員からの会費、組合費等によって賄われているときであっても課税対象外（不課税）となる	不 消基通5-2-3
寄附金等の収受	(1) 寄附金の収受	不 消基通5-2-14
	(2) 祝金の収受	不 消基通5-2-14

項目	具体的事例	判定 参照法令
	(3) 見舞金の収受	不 消基通5-2-14
事業付随収入	事業者が、その有する集会所、体育館、食堂等の施設を、対価を得て役員又は使用人等に利用させる行為	課 消基通5-4-4
役務の提供	(1) 国内における土木工事、修繕、運送、保管、印刷、広告、仲介、興行、宿泊、飲食、技術援助、情報の提供、便益、出演、著述その他のサービスの提供	課 消基通5-5-1
	(2) 社員食堂で提供する食事	課
	(3) セルフサービスの飲食店での飲食 **注意点** セルフサービスでもテーブル等の飲食設備を利用させての飲食料品の飲食であるため軽減税率の対象にはならない	課
	(4) 屋台のおでん屋での飲食料品の提供 **注意点** 飲食設備がない場合は軽減税率の対象	課 または 課 軽減
	(5) 店内にイートインスペースを設置したコンビニエンスストアでのホットスナックの販売 ① 顧客に店内飲食の意思確認をした場合	課
	② 顧客に持ち帰りの意思確認をした場合	課 軽減

項目	具体的事例	判定 参照法令 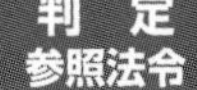
	(6) ケータリングによる飲食料品の提供 	
	(7) 出前によるそばの配達	
	(8) 宅配ピザの配達	
	(9) 老人福祉法第29条第1項の規定による届出が行われている有料老人ホームにおける飲食料品の提供 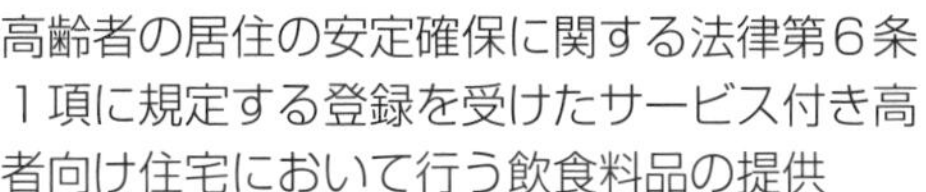 注意点 税抜き対価の額が一食640円以下、一日1920円に達するまでのものに限り軽減税率の適用がある	 消法29①二、別表第一 消令2の4②一
	(10) 高齢者の居住の安定確保に関する法律第6条第1項に規定する登録を受けたサービス付き高齢者向け住宅において行う飲食料品の提供	 消令2の4②二
	(11) 有料老人ホームとの給食調理委託契約に基づき行う食事の調理	
	(12) 国内事業者である作家、スポーツ選手、映画監督、棋士等によるその専門的知識、技能等に基づく役務の提供	 消基通5-5-1
	(13) 弁護士が収受する弁護士報酬	 消基通5-5-1
	(14) 非居住者に対する弁護士業務としての役務提供	 消令17②七

項　目	具体的事例	判　定 参照法令
	⒂　公認会計士が収受する監査報酬	課 消基通5-5-1
	⒃　税理士が収受する税理士報酬	課 消基通5-5-1
	⒄　社会保険労務士が収受する労務士報酬	課
	⒅　司法書士が収受する司法書士報酬	課
	⒆　国内事業者である芸能人がテレビ出演した際の出演料	課
キャンセル料等	⑴　予約の取消し、変更等に伴って予約を受けていた事業者が収受するキャンセル料、解約損害金	不 消基通5-5-2
	⑵　解約手数料、取消手数料又は払戻手数料等を対価とする役務の提供	課 消基通5-5-2
	⑶　解約等に際し収受することとされている金銭のうちに役務の提供の対価である解約手数料等に相当する部分と逸失利益等に対する損害賠償金に相当する部分が含まれている場合に、これらの対価の額を区分することなく一括して収受することとしているとき	不 消基通5-5-2

項目	具体的事例	判定 参照法令
会費等	(1) 同業者団体、組合等がその構成員から受ける会費、組合費等で、当該同業者団体等がその構成員に対して行う役務の提供等との間に明白な対価関係があるかどうかによって課税売上げ、対象外の判定をするが、その判定が困難なものについて、継続して同業者団体等が対象外としている場合	 消基通5-5-3
	注意点 判定が困難な会費等について対象外としている場合には、同業者団体等はその旨を構成員に通知することになっている	消基通5-5-3 （注）3
	(2) 名目は会費等となっているが、実質的には出版物の購読料と認められるもの	 消基通5-5-3 （注）2
	(3) 名目は会費等となっているが、実質的には映画・演劇等の入場料と認められるもの	 消基通5-5-3 （注）2
	(4) 名目は会費等となっているが、実質的には職員研修の受講料と認められるもの	 消基通5-5-3 （注）2
	(5) 名目は会費等となっているが、実質的には施設の利用料と認められるもの	 消基通5-5-3 （注）2
	(6) 名目は会費等となっているが、実質的には情報等の提供料と認められるもの	 消基通5-5-3 （注）2

項目	具体的事例	判定 参照法令
	(7) 同業者団体、組合等がその構成員から収受する入会金等で返還しないものについては、当該同業者団体等がその構成員に対して行う役務の提供等との間に明白な対価関係があるかどうかによって課税売上げ、対象外の判定をするが、その判定が困難なものについて、継続して同業者団体等が対象外としている場合	不 消基通5-5-4
	注意点 判定が困難な入会金について対象外としている場合には、同業者団体等はその旨を構成員に通知することになっている	消基通5-5-4 (注)
賞金等	他の者から賞金等の給付を受けた場合における次の2つの要件を満たした場合の賞金等 ① 受賞者が、その受賞に係る役務の提供を業とする者であること ② 賞金等の給付が予定されている催物等に参加し、その結果として賞金等の給付を受けるものであること	課 消基通5-5-8
派遣料	労働者の派遣を行った事業者が当該他の者から収受する派遣料	課 消基通5-5-11
配送料	(1) 商品の配送に伴い別途収受する配送料（原則）	課
	(2) 配送を宅配便等で行い、購入者から宅配料の実費を預り、帳簿上も預り金として処理し、損益に関係させない方法で経理している配送料	不 消基通10-1-16
報奨金等	(1) 事業者がお客から受け取ったチップ	不
	(2) 建設工事が終了した際に、施主から支払われた無事故達成報奨金や工事竣工報奨金	不

項目	具体的事例	判定 参照法令
相殺等	(1) 下取りを行った場合の課税資産の譲渡等 **注意点** 下取りに係る資産の価額を控除した後の金額ではなく、下取りに係る資産の価額を控除する前の金額が課税売上げとなる なお、課税資産の下取りをした場合には、その下取りは課税仕入れに該当し、仕入税額控除の規定の適用を受けられる	課 消基通10-1-17
	(2) 相手先からの債務があるため債務金額を相殺した場合の課税資産の譲渡 **注意点** 売上げと債務を相殺する前の金額が課税売上げ	課
値引き返品等	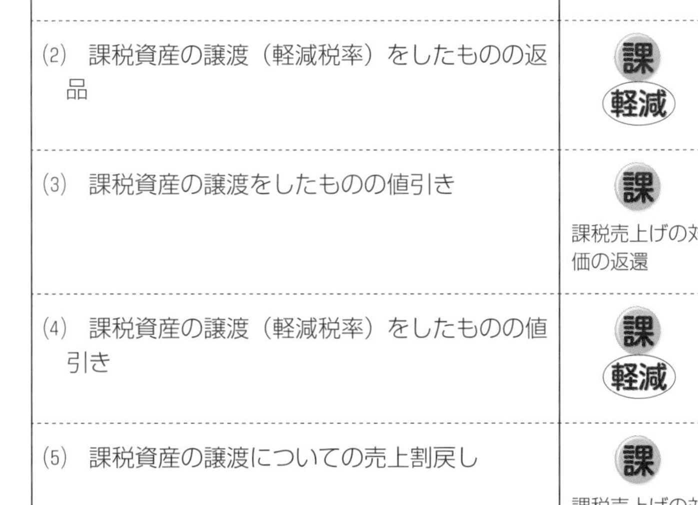 (1) 課税資産の譲渡をしたものの返品	課 課税売上げの対価の返還
	(2) 課税資産の譲渡（軽減税率）をしたものの返品	課 軽減
	(3) 課税資産の譲渡をしたものの値引き	課 課税売上げの対価の返還
	(4) 課税資産の譲渡（軽減税率）をしたものの値引き	課 軽減
	(5) 課税資産の譲渡についての売上割戻し	課 課税売上げの対価の返還

項　目	具体的事例	判　定 参照法令
	⑹　課税資産の譲渡（軽減税率）をしたものの売上割戻し	 
	⑺　非課税資産の譲渡をしたものの返品	 非課税売上げの対価の返還
	⑻　非課税資産の譲渡をしたものの値引き	 非課税売上げの対価の返還
	⑼　非課税資産の譲渡についての売上割戻し	 非課税売上げの対価の返還
	⑽　協同組合等が支払う事業分量配当金で課税資産の譲渡等の分量等に応じた部分の金額	課 消基通14-1-3 課税売上げの対価の返還
	⑾　協同組合等が支払う事業分量配当金で課税資産の譲渡等（軽減税率）の分量等に応じた部分の金額	 軽減
委託販売	⑴　委託販売等の委託者の、受託者が課税資産である委託商品を譲渡等したことに伴い収受した又は収受すべき金額 **注意点** （軽減税率の対象となる課税資産の譲渡等がない場合） その課税期間中に行った委託販売等のすべてについて、当該課税資産の譲渡等の金額から当該受託者に支払う委託販売手数料を控除した残額を委託者における課税資産の譲渡等の金額としているときは、これが認められる	 消基通10-1-12

項　目	具 体 的 事 例	判　定 参照法令
	⑵　委託販売等に係る受託者が、委託者から受ける委託販売手数料  **注意点** （軽減税率の対象となる課税資産の譲渡等がない場合） 委託者から課税資産の譲渡等のみを行うことを委託されている場合の委託販売等に係る受託者については、委託された商品の譲渡等に伴い収受した又は収受すべき金額を課税売上げとし、委託者に支払う金額を課税仕入れに係る金額として処理をしても差し支えない	 消基通10-1-12
対価の見積もり	課税資産の譲渡等を行った場合で、その譲渡等をした日の属する課税期間の末日までにその対価の額が確定していないときの同日の現況による見積もり **注意点** （注１）課税期間の末日における現況でその金額を適正に見積もることになる （注２）差額は確定した課税期間の課税売上げ、又は課税売上げのマイナスとなる	 消基通10-1-20
個別消費税等	⑴　ガソリンスタンドを経営する軽油引取税の特別徴収義務者である特約店で、顧客から受け取った軽油引取税を売上げとは明確に区分し、預り金として処理している軽油引取税 **注意点** 特別徴収義務者であるので、預り金として処理した軽油引取税は課税対象外（不課税）となる	
	⑵　ガソリンスタンドを経営する軽油引取税の特別徴収義務者になっていない販売店で、顧客から受け取った軽油引取税を売上げとは明確に区分し、預り金として処理している軽油引取税  **判　例** 特別徴収義務者ではないため軽油引取税を含めたものが課税売上げとなる H7.3.23裁決、H9.5.28裁決	課

項目	具体的事例	判定 参照法令
	⑶　ゴルフ場でゴルフのプレーをした人から受け取るゴルフ場利用税を税金として明確に区分して預り金として処理している場合のゴルフ場利用税	不 消基通10-1-11
	⑷　ゴルフ場でゴルフのプレーをした人から受け取るゴルフ場利用税を明確に区分せず売上げに含めて処理している場合のゴルフ場利用税	課 消基通10-1-11
	⑸　旅館で宿泊客から受け取る入湯税を税金として明確に区分して預り金として処理している場合の入湯税	不 消基通10-1-11
	⑹　旅館で宿泊客から受け取る入湯税を税金として明確に区分せず売上げに含めて処理している場合の入湯税	課 消基通10-1-11
	⑺　酒屋が顧客に対しお酒を販売する際の販売価格に含まれている酒税	課 消基通10-1-11
	⑻　たばこ屋が顧客に対したばこを販売する際の販売価格に含まれているたばこ税	課 消基通10-1-11
登録免許税等	⑴　自動車販売会社が立替払いした自動車重量税で、立替金として処理し、後日顧客から受け取ったもの	不 消基通10-1-4（注）
	⑵　自動車販売会社が立替払いした自動車取得税（環境性能割）で、立替金として処理し、後日顧客から受け取ったもの	不 消基通10-1-4（注）
	⑶　自動車販売会社が立替払いした自賠責保険料で、立替金として処理し、後日顧客から受け取ったもの	不

項目	具体的事例	判定 参照法令
	⑷ 自動車販売会社が顧客に代わって登録手続き等をする際の取扱い手数料	課
協賛金等	⑴ 販売店がメーカーからメーカー名入りの広告宣伝用陳列ケースを取得するために交付を受けた協賛金 **注意点** 協賛金は課税売上げ、陳列ケースの取得は課税仕入れ	課
	⑵ 化粧品の小売業者が化粧品メーカーから（無償で譲り受けた）メーカー名が表示されている陳列ケース	不 消基通5-1-5（注）
駐車場の譲渡	土地の地面の整備をし、車止めを設置し貸駐車場として利用していたものをそのまま譲渡し、相手方はそのまま貸駐車場として業務を行っている場合	土地部分 非 車止め等の構築物 課
代金の決済	⑴ 課税資産の譲渡に対し、顧客がクレジットカードでの支払いを希望したためカード決済をした。その後、このカード決済による代金が加盟店手数料を控除した金額で振り込まれた。この場合のカード会社に対する金銭債権の譲渡 **注意点** 課税売上割合の計算では、この譲渡は含めないこととされている。金銭債権のうち資産の譲渡等を行った者が当該資産の譲渡等の対価として取得したものの譲渡は課税売上割合の計算には含まないものとする	非 消令48②二

項　目	具体的事例	判定 参照法令
	⑵　商品の仕入れ代金の支払いを、当社が売上げの対価として受け取った手形を裏書きして仕入れ先に支払った際のこの手形の裏書き **注意点** 手形の裏書きは手形の譲渡であり、非課税。なお、課税売上割合の計算には含めない	非 消令48②一
自社使用	事業者が自己の広告宣伝又は試験研究のために商品、原材料等の資産を消費し、又は使用した場合の当該消費又は使用	不 消基通5-2-12
補助金	国庫補助金の受領	不 消基通5-2-15
国外での譲渡	⑴　事業者が国外で購入した資産を国内に搬入することなく他に譲渡	不 消基通5-7-1
	⑵　建設業者の行う海外での工事	不
利益の配当等	⑴　株主又は出資者たる地位に基づき受ける、剰余金の配当若しくは利益の配当又は剰余金の分配（出資に係るものに限る）	不 消基通5-2-8
	⑵　事業者が受ける協同組合等から行った課税仕入れに係る事業分量配当金 **注意点** 課税仕入れ（軽減税率）に係る事業分量配当金は、課税仕入れ（軽減）の対価の返還	課 または 課 軽減 消基通5-2-8 仕入れに係る対価の返還になる
土地の譲渡	土地の譲渡	非

項目	具体的事例	判定 参照法令
立木等の譲渡	立木等、独立して取引の対象となる土地の定着物の譲渡	 消基通6-1-1
土地・建物等の一括譲渡	(1) 土地と建物を同一の者に、同時に譲渡した場合で、それぞれの対価につき、所得税又は法人税の土地の譲渡等に係る課税の特例の計算により区分している場合 **注意点** 合理的に区分されていない場合は、それぞれの譲渡に係る通常の取引価額を基礎として区分する	それぞれの区分したところにより 土地部分  建物部分  消基通10-1-5（注）
	(2) 当社の所有する土地建物等と他社の所有する土地建物等とを等価交換した場合	交換により相手方に引き渡した土地の時価  建物の時価 
	(3) 温泉利用権付土地の譲渡の場合における温泉利用権の譲渡	 消基通6-1-2
	(4) 固定資産税、都市計画税の対象となる土地の譲渡に伴い、当該土地に対して課された固定資産税等について未経過分に相当する金額を収受した場合の当該固定資産税相当額	 消基通10-1-6
	(5) 固定資産税、都市計画税の対象となる建物の譲渡に伴い、当該建物に対して課された固定資産税等について未経過分に相当する金額を収受した場合の当該固定資産税相当額	 消基通10-1-6

項　目	具体的事例	判定 参照法令
収用	(1)　土地収用法に基づき土地が収用された場合の対価補償金	非 消基通5-2-10
	(2)　土地収用法に基づき建物が収用された場合の対価補償金	課 消基通5-2-10
	(3)　土地収用法に基づき受け取る収益補償金	不 消基通5-2-10
	(4)　土地収用法に基づき受け取る経費補償金	不 消基通5-2-10
	(5)　土地収用法に基づき受け取る移転補償金	不 消基通5-2-10
立退料	建物等の賃借人が賃貸借の目的とされている建物等の契約の解除に伴い賃貸人から収受する立退料	不 消基通5-2-7
助成金	(1)　雇用保険法の規定による雇用調整助成金	不 消基通5-2-15（注）
	(2)　雇用対策法の規定による職業転換給付金	不 消基通5-2-15（注）
	(3)　障害者の雇用の促進等に関する法律の規定による身体障害者等能力開発助成金	不 消基通5-2-15（注）
現物支給	(1)　株主総会の決議により退任する取締役に対し、自社所有のゴルフ会員権を現物引渡しにより支給することを決定し、これを支給した場合	不 消基通5-1-4

項目	具体的事例	判定 参照法令
	⑵ 上記⑴の場合で、代物弁済で引き渡した場合	課
庭木、庭園、石垣の譲渡	土地が宅地である場合で、庭木、庭園、石垣を宅地と一体で譲渡	非 消基通6-1-1
地上権の譲渡	地上権（土地の上に存する権利）の譲渡	非 消基通6-1-2
耕作権の譲渡	耕作権（土地の上に存する権利）の譲渡	非 消基通6-1-2
鉱業権の譲渡	鉱業権の譲渡	課 消基通6-1-2
抵当権の譲渡	土地を目的物とした抵当権を他の債権者に譲渡	課 消基通6-1-2
更新料収入等	⑴ 借地権の更新料収入	非 消基通6-1-3
	⑵ 借地権の名義書換料収入	非 消基通6-1-3
役員との取引	⑴ 法人がその役員に対して課税資産を無償又は著しく低い対価で譲渡	課 消基通5-3-5
	⑵ 法人のその役員に対する無償による資産の貸付け及び役務の提供 **注意点** 無償による資産の貸付け、役務の提供ではみなし譲渡の適用はない	不 消基通5-3-5

項　目	具体的事例	判　定 参照法令
	(3)　個人事業者の生活用資産の譲渡	不 消基通5-1-1（注）
	(4)　個人事業者が事業用資金の取得のために行う家事用資産の譲渡 **注意点** 売却の目的が事業用資金の取得のためであっても家事用資産の譲渡は課税対象外（不課税）となる	不 消基通5-1-8
有価証券の譲渡	(1)　金融商品取引法第2条第1項に規定する有価証券の譲渡	非 消法6、別表第二一二
	(2)　国債証券の譲渡	非 消基通6-2-1
	(3)　地方債証券の譲渡	非 消基通6-2-1
	(4)　農林中央金庫の発行する農林債券の譲渡	非 消基通6-2-1
	(5)　資産流動化法に規定する特定社債券の譲渡	非 消基通6-2-1
	(6)　社債券の譲渡	非 消基通6-2-1
	(7)　日本銀行その他の特別の法律により設立された法人の発行する出資証券の譲渡	非 消基通6-2-1

項目	具体的事例	判定 参照法令
	(8) 優先出資法に規定する優先出資証券の譲渡	非 消基通6-2-1
	(9) 資産流動化法に規定する優先出資証券又は新優先出資引受権を表示する証券の譲渡	非 消基通6-2-1
	(10) 株券の譲渡	非 消基通6-2-1
	(11) 新株予約権証券の譲渡	非 消基通6-2-1
	(12) 投資信託法に規定する投資信託又は外国投資信託の受益証券の譲渡	非 消基通6-2-1
	(13) 投資信託法に規定する投資証券、新投資口予約権証券若しくは投資法人債券又は外国投資証券の譲渡	非 消基通6-2-1
	(14) 貸付信託の受益証券の譲渡	非 消基通6-2-1
	(15) 資産流動化法に規定する特定目的信託の受益証券の譲渡	非 消基通6-2-1
	(16) 信託法に規定する受益証券発行信託の受益証券の譲渡	非 消基通6-2-1
	(17) コマーシャルペーパー（CP）の譲渡	非 消基通6-2-1

項目	具体的事例	判定 参照法令
	(18) 抵当証券法に規定する抵当証券の譲渡	 非 消基通6-2-1
	(19) 国内における商品先物取引を行った場合の差金授受	 不 消基通9-1-24
	(20) 国内における商品先物取引を行った場合の現物の引渡し	 課 消基通9-1-24
	(21) 株式オプション料	 不
	(22) 外国債、海外CPなど外国又は外国の者の発行する証券又は証書で一定のものの譲渡	 非 消基通6-2-1
	(23) 外国の者の発行する証券又は証書で銀行業を営む者その他の金銭の貸付けを業として行う者の貸付債権を信託する信託の受益権又はこれに類する権利を表示するものの譲渡	 非 消基通6-2-1
	(24) オプションを表示する証券又は証書の譲渡	 非 消基通6-2-1
	(25) 預託証券の譲渡	 非 消基通6-2-1
	(26) 譲渡性預金（払戻しについて期限の定めがある預金で、指名債権でないもの）の預金証書のうち外国法人が発行するものの譲渡	 非 消基通6-2-1

項目	具体的事例	判定 参照法令
	(27) 株券の発行がない株式、証券の発行がない新株予約権、優先出資法又は資産流動化法に規定する優先出資証券の発行がない優先出資及び投資信託法に規定する投資証券の発行がない投資口の譲渡	 消基通6-2-1
	(28) 合名会社、合資会社又は合同会社の社員の持分、協同組合等の組合員又は会員の持分その他法人（人格のない社団等、匿名組合及び民法上の組合を含む）の出資者の持分の譲渡	 消基通6-2-1
	(29) 株主又は投資主（投資信託法に規定する投資主をいう）となる権利、優先出資者（優先出資法の優先出資者をいう）となる権利、特定社員（資産流動化法に規定する特定社員をいう）又は優先出資社員（資産流動化法に規定する優先出資社員をいう）となる権利その他法人の出資者となる権利の譲渡	 消基通6-2-1
	(30) 貸付金、預金、売掛金その他の金銭債権の譲渡	 消基通6-2-1
	(31) 居住者が発行する譲渡性預金証書の譲渡	 消基通6-2-1
	(32) 船荷証券に係る貨物が国外にある場合の船荷証券の譲渡 **注意点** 船荷証券の譲渡は、証券に引渡請求権が表章されている資産そのものの譲渡であり、資産が国外に所在する場合には国外取引となる	
	(33) 倉荷証券の譲渡	 消基通6-2-2

項　目	具体的事例	判定 参照法令
ゴルフ会員権の譲渡	(1)　ゴルフ会員権の譲渡	課 消基通6-2-2
	(2)　会員権販売業者以外の個人事業者のゴルフ会員権の譲渡 **注意点** 会員権販売業者以外の個人事業者が保有するゴルフ会員権は生活用資産に該当するためその譲渡は課税対象外（不課税）となる	不
	(3)　ゴルフクラブ等の入会金で返還しないもの	課 消基通5-5-5
支払手段の譲渡	(1)　銀行券、政府紙幣及び硬貨の譲渡	非 消基通6-2-3
	(2)　小切手（旅行小切手を含む）、為替手形、郵便為替及び信用状の譲渡	非 消基通6-2-3
	(3)　約束手形の譲渡	非 消基通6-2-3
	(4)　収集品、販売用の支払手段の譲渡	課 消基通6-2-3（注）
	(5)　暗号資産の譲渡	非 消令9④
	(6)　スワップ手数料（スワップフィー）	非
	(7)　スワップ取引のあっせん手数料	課

項目	具体的事例	判定 参照法令
	⑻ 現先取引	非
	⑼ 非居住者から受けるスワップ取引のあっせん手数料	免
	⑽ 法人が自己株式を処分する場合の他の者への株式の引渡し	不 消基通5-2-9
	⑾ 券面のない有価証券の譲渡で国内の振替機関で取り扱われるもの	非 消令6①九
	⑿ 券面のない有価証券の譲渡で外国の振替機関で取り扱われるもの	不 消令6①九
	⒀ 海外市場において譲渡される外国証券の譲渡	不 消令6①九
	⒁ 外国投資信託証券の譲渡	不 消令6①九
貸付金等の利子	⑴ 国債の利子	非 消基通6-3-1
	⑵ 地方債の利子	非 消基通6-3-1
	⑶ 社債の利子	非 消基通6-3-1
	⑷ 貸付金の利子	非 消基通6-3-1

項目	具体的事例	判定 参照法令
	(5) 預金の利子	非 消基通6-3-1
	(6) 貯金の利子	非 消基通6-3-1
	(7) 信用保証料	非 消基通6-3-1
	(8) 合同運用信託、公社債投資信託又は公社債等運用投資信託の信託報酬	非 消基通6-3-1
	(9) 保険料収入	非 消基通6-3-1
	(10) 集団投資信託、法人課税信託、退職年金信託、特定公益信託等の収益の分配金	非 消基通6-3-1
	(11) 相互掛金又は定期積金の給付補填金	非 消基通6-3-1
	(12) 無尽契約の掛金差益	非 消基通6-3-1
	(13) 抵当証券の利息	非 消基通6-3-1
	(14) 割引債の償還差益	非 消基通6-3-1
	(15) 手形の割引料	非 消基通6-3-1

項目	具体的事例	判定 参照法令
	⒃ ファクタリング取引の手数料	非 金銭債権の譲受けの対価
	⒄ 金銭債権の買取り又は立替払いに係る差益	非 消基通6-3-1
	⒅ 割賦販売、ローン提携販売、包括信用購入あっせん、個別信用購入あっせんの手数料（契約においてその額が明示されているもの）	非 消基通6-3-1
	⒆ 有価証券（ゴルフ場利用株式等を除く）の賃貸料	非 消基通6-3-1
	⒇ 物上保証料	非 消基通6-3-1
	(21) 共済掛金	非 消基通6-3-1
	(22) 動産又は不動産の貸付けを行う信託で、貸付期間の終了時に未償却残額で譲渡する旨の特約が付けられたものの利子又は保険料相当額（契約において明示されている部分に限る）	非 消基通6-3-1
	(23) リース取引でその契約に係るリース料のうち、利子又は保険料相当額（契約において利子又は保険料の額として明示されている部分に限る）	非 消基通6-3-1
保険金等	保険金収入	不 消基通5-2-4

項目	具体的事例	判定 参照法令
損害賠償金	(1) 心身又は資産につき加えられた損害の発生に伴い受ける損害賠償金	不 消基通5-2-5
	(2) 損害を受けた棚卸資産等（課税資産）が加害者に引き渡される場合で、当該棚卸資産等がそのまま又は軽微な修理を加えることにより使用できるときに当該加害者から当該棚卸資産等を所有する者が収受する損害賠償金	課 消基通5-2-5
	(3) 特許権の侵害を受けた場合に加害者（居住者）から当該特許権の権利者が収受する損害賠償金	課 消基通5-2-5
	(4) 貸店舗の明渡しの遅滞により加害者から賃貸人が収受する損害賠償金	課 消基通5-2-5
手数料	(1) 保険代理店が収受する役務の提供に係る代理店手数料	課 消基通6-3-2
	(2) 保険会社等の委託を受けて行う損害調査又は鑑定等の役務提供に係る手数料	課 消基通6-3-2
売上割引	(1) 課税資産の譲渡による売掛金等の支払期日前に支払いを受けた場合の当該相手方に支払う売上割引 **注意点** 課税資産の譲渡（軽減税率）による売掛金等の支払期日前に支払を受けた場合の当該相手方に支払う売上割引は、課税売上げ（軽減）の対価の返還	課 または 課 軽減 消基通6-3-4 課税売上げの対価の返還

項目	具体的事例	判定 参照法令
	(2) 非課税資産の譲渡による売掛金等の支払期日前に支払いを受けた場合の当該相手方に支払う売上割引	非 消基通6-3-4 非課税売上げの対価の返還
仕入割引等	(1) 課税資産の譲受け等の相手先に対する買掛金等の支払期日前の支払いにより相手先から受ける仕入割引 **注意点** 課税資産の譲受け（軽減税率）の相手先に対する買掛金等の支払期日前の支払いにより相手方から受ける仕入割引は、課税仕入れ（軽減）の対価の返還	課 または 課 軽減 消基通6-3-4 課税仕入れの対価の返還
	(2) 非課税資産の譲受け等の相手先に対する買掛金等の支払期日前の支払いにより相手先から受ける仕入割引	非 消基通6-3-4 非課税仕入れの対価の返還
	(3) 前渡金等の利子 **注意点** 経済的実質は貸付金の利子である	非 消基通6-3-5
印紙・切手等	(1) 日本郵便株式会社、郵便切手類販売所等一定の場所における郵便切手、郵便葉書、郵便書簡又は印紙の譲渡	非 消基通6-4-1、6-4-2
	(2) チケットショップ等、上記以外の場所における郵便切手類又は印紙の譲渡	 消基通6-4-1
	(3) 物品切手等の発行 **注意点** 物品切手等とは、商品券、ビール券、図書券、文具券、食事券、旅行券、プリペイドカードなどをいう	 消基通6-4-5

項　目	具 体 的 事 例	判　定 参照法令
	(4)　物品切手等の譲渡	非
	(5)　物品切手等の贈与	不
	(6)　郵便切手帳等（郵便切手を保存用の冊子に収めたものその他郵便に関する料金を示す証票に関し周知し、又は啓発するための物）の譲渡	課 消基通6-4-2
	(7)　物品切手等の受託販売	不 消基通6-4-6
	(8)　物品切手等の譲渡に関して受ける取扱手数料	課 消基通6-4-6
社会保険診療報酬	(1)　健康保険法、国民健康保険法等の規定に基づく療養の給付及び入院時食事療養費、入院時生活療養費、保険外併用療養費、療養費、家族療養費又は特別療養費の支給に係る療養並びに訪問看護療養費又は家族訪問看護療養費の支給に係る指定訪問看護	非 消基通6-6-1
	(2)　高齢者の医療の確保に関する法律の規定に基づく療養の給付及び入院時食事療養費、入院時生活療養費、保険外併用療養費、療養費又は特別療養費の支給に係る療養並びに訪問看護療養費の支給に係る指定訪問看護	非 消基通6-6-1

項目	具体的事例	判定 参照法令
	(3) 精神保健及び精神障害者福祉に関する法律の規定に基づく医療、生活保護法の規定に基づく医療扶助のための医療の給付及び医療扶助のための金銭給付に係る医療、原子爆弾被爆者に対する援護に関する法律の規定に基づく医療の給付及び医療費又は一般疾病医療費の支給に係る医療並びに障害者の日常生活及び社会生活を総合的に支援するための法律の規定に基づく自立支援医療費、療養介護医療費又は基準該当療養介護医療費の支給に係る医療	 消基通6-6-1
	(4) 公害健康被害の補償等に関する法律の規定に基づく療養の給付及び療養費の支給に係る療養	 消基通6-6-1
	(5) 労働者災害補償保険法の規定に基づく療養の給付及び療養の費用の支給に係る療養並びに同法の規定による社会復帰促進等事業として行われる医療の措置及び医療に要する費用の支給に係る医療	 消基通6-6-1
	(6) 自動車損害賠償保障法の規定による損害賠償額の支払を受けるべき被害者に対する当該支払に係る療養	 消基通6-6-1
	(7) 学校保健安全法の規定に基づく医療に要する費用の援助に係る医療	 消基通6-6-1
	(8) 母子保健法の規定に基づく養育医療の給付又は養育医療に要する費用の支給に係る医療等	 消基通6-6-1
	(9) 国又は地方公共団体の施策に基づきその要する費用の全部又は一部を国又は地方公共団体により負担される医療及び療養（いわゆる公費負担医療）	 消基通6-6-1

項目	具体的事例	判定 参照法令
	⑽ 美容整形	課
	⑾ 健康診断（人間ドッグ）	課
	⑿ 医療相談料	課
	⒀ 診断書作成料	課
	⒁ 生命保険会社からの審査料	課
	⒂ 歯科自由診療	課
介護保険関係	⑴ 居宅要介護者の居宅において介護福祉士等が行う訪問介護（居宅要介護者の選定による交通費を対価とする資産の譲渡等を除く）	非 消基通6-7-1
	⑵ 居宅要介護者の居宅を訪問し、浴槽を提供して行われる訪問入浴介護（居宅要介護者の選定による交通費を対価とする資産の譲渡等及び特別な浴槽水等の提供を除く）	非 消基通6-7-1
	⑶ 居宅要介護者（主治医がその治療の必要の程度につき厚生労働省令で定める基準に適合していると認めたものに限る）の居宅において看護師等が行う訪問看護（居宅要介護者の選定による交通費を対価とする資産の譲渡等を除く）	非 消基通6-7-1
	⑷ 居宅要介護者（主治医がその治療の必要の程度につき厚生労働省令で定める基準に適合していると認めたものに限る）の居宅において行う訪問リハビリテーション（居宅要介護者の選定による交通費を対価とする資産の譲渡等を除く）	非 消基通6-7-1

項目	具体的事例	判定 参照法令
	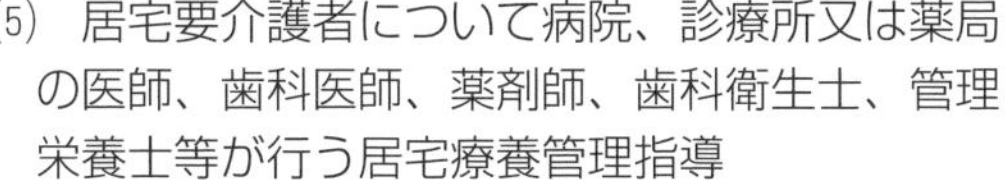 ⑸ 居宅要介護者について病院、診療所又は薬局の医師、歯科医師、薬剤師、歯科衛生士、管理栄養士等が行う居宅療養管理指導	 非 消基通6-7-1
	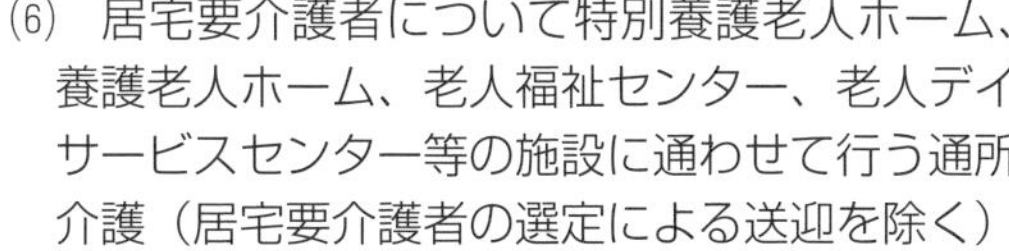 ⑹ 居宅要介護者について特別養護老人ホーム、養護老人ホーム、老人福祉センター、老人デイサービスセンター等の施設に通わせて行う通所介護（居宅要介護者の選定による送迎を除く）	 非 消基通6-7-1
	⑺ 居宅要介護者（主治医がその治療の必要の程度につき厚生労働省令で定める基準に適合していると認めたものに限る）について介護老人保健施設、病院、診療所等に通わせて行う通所リハビリテーション（居宅要介護者の選定による送迎を除く）	 非 消基通6-7-1
	⑻ 居宅要介護者について特別養護老人ホーム、養護老人ホーム、老人短期入所施設等に短期間入所させて行う短期入所生活介護（居宅要介護者の選定による特別な居室の提供、特別な食事の提供及び送迎を除く）	 非 消基通6-7-1
	⑼ 居宅要介護者（その治療の必要の程度につき厚生労働省令で定めるものに限る）について介護老人保健施設及び療養病床を有する病院等に短期間入所させて行う短期入所療養介護（居宅要介護者の選定による特別な療養室等の提供、特別な食事の提供及び送迎を除く）	 非 消基通6-7-1
	⑽ 有料老人ホーム、養護老人ホーム、軽費老人ホームに入居している要介護者について行う特定施設入居者生活介護（要介護者の選定により提供される介護その他の日常生活上の便宜に要する費用を対価とする資産の譲渡等を除く）	 非 消基通6-7-1

項目	具体的事例	判定 参照法令
	⑾ 特別養護老人ホーム（入所定員が30人以上のものに限る）に入所する要介護者について行われる介護福祉施設サービス（要介護者の選定による特別な居室の提供及び特別な食事の提供を除く）	 消基通6-7-1
	⑿ 介護保険法の規定により都道府県知事の許可を受けた介護老人保健施設に入所する要介護者について行われる介護保健施設サービス（要介護者の選定による特別な療養室の提供及び特別な食事の提供を除く）	 消基通6-7-1
	⒀ 介護保険法の規定により都道府県知事の許可を受けた介護医療院に入所する要介護者について行われる介護医療院サービス（要介護者の選定による特別な療養室の提供及び特別な食事の提供を除く）	 消基通6-7-1
	⒁ 介護保険法の規定に基づく特例居宅介護サービス費の支給に係る訪問介護等又はこれに相当するサービス（要介護者の選定による交通費を対価とする資産の譲渡等、特別な浴槽水等の提供、送迎、特別な居室の提供、特別な療養室等の提供、特別な食事の提供又は介護その他の日常生活上の便宜に要する費用を対価とする資産の譲渡等を除く）	 消基通6-7-1
	⒂ 居宅要介護者の居宅において介護福祉士等が行う夜間対応型訪問介護（居宅要介護者の選定による交通費を対価とする資産の譲渡等を除く）	 消基通6-7-1

項目	具体的事例	判定 参照法令
	⒃　居宅要介護者であって、脳血管疾患、アルツハイマー病その他の要因に基づく脳の器質的な変化により日常生活に支障が生じる程度にまで記憶機能及びその他の認知機能が低下した状態（認知症）であるものについて、特別養護老人ホーム、養護老人ホーム、老人福祉センター、老人デイサービスセンター等の施設に通わせて行う認知症対応型通所介護（居宅要介護者の選定による送迎を除く）	 消基通6-7-1
	⒄　居宅要介護者の居宅において、又は機能訓練等を行うサービスの拠点に通わせ若しくは短期間宿泊させて行う小規模多機能型居宅介護（居宅要介護者の選定による送迎及び交通費を対価とする資産の譲渡等を除く）	 消基通6-7-1
	⒅　要介護者であって認知症であるもの（その者の認知症の原因となる疾患が急性の状態にある者を除く）について、その共同生活を営む住居において行う認知症対応型共同生活介護	 消基通6-7-1
	⒆　有料老人ホーム、養護老人ホーム及び軽費老人ホーム（入居定員が29人以下のものに限る）に入居している要介護者について行う地域密着型特定施設入居者生活介護（要介護者の選定により提供される介護その他の日常生活上の便宜に要する費用を対価とする資産の譲渡等を除く）	 消基通6-7-1
	⒇　特別養護老人ホーム（入所定員が29人以下のものに限る）に入所する要介護者について行う地域密着型介護老人福祉施設入所者生活介護（要介護者の選定による特別な居室の提供及び特別な食事の提供を除く）	 消基通6-7-1

項目	具体的事例	判定 参照法令
	㉑ 介護保険法の規定に基づく特例地域密着型介護サービス費の支給に係る定期巡回・随時対応型訪問介護看護等又はこれに相当するサービス（要介護者の選定による交通費を対価とする資産の譲渡等、送迎、特別な居室の提供、特別な食事の提供又は介護その他の日常生活上の便宜に要する費用を対価とする資産の譲渡等を除く）	非 消基通6-7-1
	㉒ 介護保険法の規定に基づく特例施設介護サービス費の支給に係る施設サービス（要介護者の選定による特別な居室の提供、特別な療養室の提供、特別な病室の提供又は特別な食事の提供を除く）	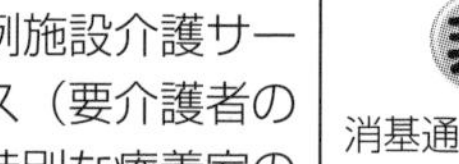 非 消基通6-7-1
	㉓ 介護保険法の規定に基づく介護予防サービス費の支給に係る介護予防訪問入浴介護、介護予防訪問看護、介護予防訪問リハビリテーション、介護予防居宅療養管理指導、介護予防通所リハビリテーション、介護予防短期入所生活介護、介護予防短期入所療養介護及び介護予防特定施設入居者生活介護（要支援者の選定による交通費を対価とする資産の譲渡等、特別な浴槽水等の提供、送迎、特別な居室の提供、特別な療養室等の提供、特別な食事の提供又は介護その他の日常生活上の便宜に要する費用を対価とする資産の譲渡等を除く）	 消基通6-7-1
	㉔ 介護保険法の規定に基づく特例介護予防サービス費の支給に係る介護予防訪問介護等又はこれに相当するサービス	 消基通6-7-1

項目	具体的事例	判定 参照法令
	㉕ 介護保険法の規定に基づく地域密着型介護予防サービス費の支給に係る介護予防認知症対応型通所介護、介護予防小規模多機能型居宅介護及び介護予防認知症対応型共同生活介護（居宅要支援者の選定による送迎及び交通費を対価とする資産の譲渡等を除く）	 消基通6-7-1
	㉖ 介護保険法の規定に基づく特例地域密着型介護予防サービス費の支給に係る介護予防認知症対応型通所介護等又はこれに相当するサービス（居宅要支援者の選定による送迎及び交通費を対価とする資産の譲渡等を除く）	 消基通6-7-1
	㉗ 介護保険法の規定に基づく居宅介護サービス計画費の支給に係る居宅介護支援及び同法の規定に基づく介護予防サービス計画費の支給に係る介護予防支援	 消基通6-7-1
	㉘ 介護保険法の規定に基づく特例居宅介護サービス計画費の支給に係る居宅介護支援又はこれに相当するサービス及び同法の規定に基づく特例介護予防サービス計画費の支給に係る介護予防支援又はこれに相当するサービス	 消基通6-7-1
	㉙ 介護保険法の規定に基づく市町村特別給付として要介護者又は居宅要支援者に対して行う食事の提供	 消基通6-7-1
	㉚ 介護保険法第43条に規定する居宅介護サービス費等に係る支給限度額を超えて同法第41条に規定する指定居宅サービス事業者が提供する指定居宅サービス	 消基通6-7-2

項目	具体的事例	判定 参照法令
	⑶1 介護保険法第41条第1項又は同法第48条第1項の規定において介護保険給付の対象から除かれる日常生活に要する費用として、介護保険法施行規則第61条又は同規則第79条に定める費用に係る資産の譲渡等	 消基通6-7-2
	⑶2 介護保険法に規定する居宅サービス事業者、居宅介護支援事業者又は介護保険施設等からの委託により、他の事業者が、非課税資産の譲渡等に係る業務の一部を行う場合における当該委託業務	 消基通6-7-4
	⑶3 生活保護法に規定する救護施設、更生施設その他生計困難者を無料又は低額な料金で入所させて生活の扶助を行うことを目的とする施設を経営する事業及び生計困難者に対して助葬を行う事業	 消基通6-7-5
	⑶4 児童福祉法に規定する乳児院、母子生活支援施設、児童養護施設、障害児入所施設、児童心理治療施設又は児童自立支援施設を経営する事業	 消基通6-7-5
	⑶5 老人福祉法に規定する養護老人ホーム、特別養護老人ホーム又は軽費老人ホームを経営する事業	 消基通6-7-5
	⑶6 障害者の日常生活及び社会生活を総合的に支援するための法律に規定する障害者支援施設を経営する事業（生産活動としての作業に基づき行われる資産の譲渡等を除く）	 消基通6-7-5
	⑶7 売春防止法に規定する婦人保護施設を経営する事業	 消基通6-7-5

項目	具体的事例	判定 参照法令
	⑶⑻ 授産施設を経営する事業（生産活動としての作業に基づき行われる資産の譲渡等を除く）	 消基通6-7-5
	⑶⑼ 生計困難者に対して無利子又は低利で資金を融通する事業	 消基通6-7-5
	⑷⑽ 生計困難者に対して、その住居で衣食その他日常の生活必需品若しくはこれに要する金銭を与え、又は生活に関する相談に応ずる事業	 消基通6-7-5
	⑷⑴ 児童福祉法に規定する障害児通所支援事業、障害児相談支援事業、児童自立生活援助事業、放課後児童健全育成事業、子育て短期支援事業、乳児家庭全戸訪問事業、養育支援訪問事業、地域子育て支援拠点事業、一時預かり事業又は小規模住居型児童養育事業、同法に規定する助産施設、保育所、児童厚生施設又は児童家庭支援センターを経営する事業及び児童の福祉の増進について相談に応ずる事業	 消基通6-7-5
	⑷⑵ いわゆる認可外保育施設を経営する事業で都道府県知事等から一定の要件を満たしている旨の証明書の交付をうけているものが、当該施設において乳児又は幼児を保育する業務	 消基通6-7-7の2
	⑷⑶ いわゆる認可外保育施設を経営する事業で都道府県知事等から一定の要件を満たしている旨の証明書の交付をうけていないものが、当該施設において乳児又は幼児を保育する業務	 消基通6-7-7の2
	⑷⑷ 母子及び父子並びに寡婦福祉法に規定する母子家庭日常生活支援事業、父子家庭日常生活支援事業又は寡婦日常生活支援事業及び同法に規定する母子・父子福祉施設を経営する事業	 消基通6-7-5

項　目	具体的事例	判定 参照法令
	⑷5 老人福祉法に規定する老人居宅介護等事業、老人デイサービス事業、老人短期入所事業、小規模多機能型居宅介護事業、認知症対応型老人共同生活援助事業又は複合型サービス福祉事業及び同法に規定する老人デイサービスセンター、老人短期入所施設、老人福祉センター又は老人介護支援センターを経営する事業	 消基通6-7-5
	⑷6 障害者の日常生活及び社会生活を総合的に支援するための法律に規定する障害福祉サービス事業、一般相談支援事業、特定相談支援事業又は移動支援事業及び同法に規定する地域活動支援センター又は福祉ホームを経営する事業（生産活動としての作業に基づき行われる資産の譲渡等を除く）	 消基通6-7-5
	⑷7 身体障害者福祉法に規定する身体障害者生活訓練等事業、手話通訳事業又は介助犬訓練事業若しくは聴導犬訓練事業、同法に規定する身体障害者福祉センター、補装具製作施設、盲導犬訓練施設又は視聴覚障害者情報提供施設を経営する事業及び身体障害者の更生相談に応ずる事業	 消基通6-7-5
	⑷8 知的障害者福祉法に規定する知的障害者の更生相談に応ずる事業	 消基通6-7-5
	⑷9 生計困難者のために、無料又は低額な料金で、簡易住宅を貸し付け、又は宿泊所その他の施設を利用させる事業	 消基通6-7-5
	⒇ 生計困難者のために、無料又は低額な料金で診療を行う事業	 消基通6-7-5

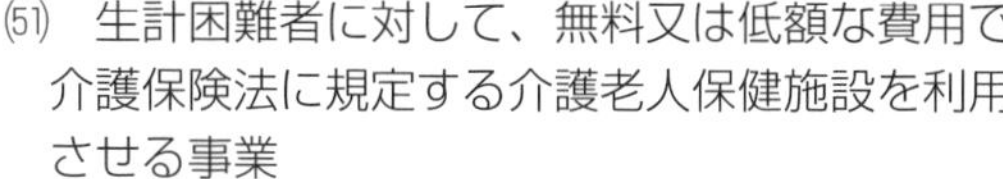

項目	具体的事例	判定 参照法令
	(51) 生計困難者に対して、無料又は低額な費用で介護保険法に規定する介護老人保健施設を利用させる事業	 非 消基通6-7-5
	(52) 隣保館等の施設を設け、無料又は低額な料金でこれを利用させることその他その近隣地域における住民の生活の改善及び向上を図るための各種の事業	 非  消基通6-7-5
	(53) 精神上の理由により日常生活を営むのに支障がある者に対して、無料又は低額な料金で、福祉サービス（第1種社会福祉事業等に限る）の利用に関し相談に応じ、及び助言を行い、並びに福祉サービスの提供を受けるために必要な手続又は福祉サービスの利用に要する費用の支払に関する便宜を供与することその他の福祉サービスの適切な利用のための一連の援助を一体的に行う事業	 非 消基通6-7-5
	(54) 更生保護事業法第2条第1項に規定する更生保護事業	 非 消基通6-7-5
児童福祉施設	(1) 児童福祉法第7条（児童福祉施設）に規定する助産施設又は保育所等を経営する事業のうち、社会福祉事業に該当するもの	 非 消基通6-7-7 消法別表第二一七ロ
	(2) 児童福祉法第7条（児童福祉施設）に規定する助産施設又は保育所等を経営する事業のうち、社会福祉事業に該当しないもの	 非 消基通6-7-7 消令14の3一

項目	具体的事例	判定 参照法令
助産に係る資産の譲渡等	(1) 妊娠しているか否かの検査	非 消基通6-8-1
	(2) 妊娠していることが判明した時以降の検診、入院	非 消基通6-8-1
	(3) 分娩の介助	非 消基通6-8-1
	(4) 出産の日以後2月以内に行われる母体の回復検診	非 消基通6-8-1
	(5) 新生児に係る検診及び入院	非 消基通6-8-1
	(6) 妊娠中の入院で、産婦人科医が必要と認めた入院（妊娠中毒症、切迫流産等）及び他の疾病（骨折等）による入院のうち産婦人科医が共同して管理する間の入院	非 消基通6-8-2
	(7) 妊娠中の入院及び出産後の入院で、産婦人科医が必要と認めた入院及び他の疾病による入院のうち産婦人科医が共同して管理する間の入院で出産日から1月以内のものにおける差額ベッド料及び特別給食費並びに大学病院等の初診料	非 消基通6-8-3
	(8) 異常分娩	非 保険医療に該当
	(9) 人工妊娠中絶 **注意点** 原則は課税取引であるが、ケースによっては非課税となることもある	課

項目	具体的事例	判定 参照法令
埋葬料、火葬料	(1) 死体（妊娠４か月以上の胎児を含む）を土中に葬るための埋葬料	非 消基通6-9-1
	(2) 死体を葬るために焼く場合の火葬料	非 消基通6-9-1
	(3) 火葬の際の待合室の使用料	課
	(4) 火葬した遺骨を墳墓・納骨堂に納める費用	課
	(5) 葬儀屋等に支払う葬儀費用	課
	(6) 埋葬した死体を他の墳墓に移し、又は埋蔵し、若しくは収蔵した焼骨を、他の墳墓又は納骨堂に移す改葬の際に行われる埋葬又は火葬	非 消基通6-9-2
	(7) 僧侶が収受するお布施、戒名料	不
身体障害者用物品の譲渡等	(1) 身体障害者の使用に供するための特殊な性状、構造又は機能を有する物品として、厚生労働大臣が財務大臣と協議して指定するものの譲渡等	非 消基通6-10-1
	(2) 身体障害者の使用に供するための特殊な性状、構造又は機能を有する物品として、厚生労働大臣が財務大臣と協議して指定するもの以外のものの譲渡等	課 消基通6-10-1
	(3) 一般の自動車を身体障害者による運転に支障がないように一定の補助手段を講じる改造行為等で改造に要する費用	非 消基通6-10-3

項目	具体的事例	判定 参照法令
学校教育関係	(1) 学校教育法第1条に規定する学校を設置する者がその学校における教育として行う役務の提供で授業料を対価として行われるもの	 消基通6-11-1
	(2) 学校教育法第124条（専修学校）に規定する専修学校を設置する者がその専修学校の高等課程、専門課程又は一般課程における教育として行う役務の提供で授業料を対価として行われるもの	 消基通6-11-1
	(3) 学校教育法第134条第1項（各種学校）に規定する各種学校を設置する者がその各種学校における教育として行う役務の提供で、次の要件に該当するもののうち、授業料を対価として行われるもの ① 修業年限が1年以上である ② その1年間の授業時間数が680時間以上であること ③ その施設（教員数を含む）が同時に授業を受ける生徒数に比し十分であること ④ その授業が年2回を超えない一定の時期に開始され、かつ、その終期が明確に定められていること ⑤ その生徒について学年又は学期ごとにその成績の評価が行われ、その結果が成績考査に関する表簿その他の書類に登載されていること ⑥ その生徒について所定の技術等を修得したかどうかの成績の評価が行われ、その評価に基づいて卒業証書又は修了証書が授与されていること	非 消基通6-11-1
	(4) 在学証明書、卒業証明書、成績証明書等の発行手数料	非 消基通6-11-1

項目	具体的事例	判定 参照法令
	(5) 学校が徴収する受託研究手数料等	課 消基通6-11-4
	(6) 学校給食法の規定に基づく学校給食として行う飲食料品の提供	課 軽減 消法29①二、別表第一 消令2の4②三
	(7) 学生食堂での飲食料品の提供	課
	(8) 学校教育法に規定する学校、専修学校及び各種学校に該当しない予備校、進学塾、そろばん塾、英会話教室、自動車教習所等が受ける授業料、受講料、入学検定料等	課
	(9) 予備校が収受する入学金、授業料	課
	(10) 学習塾、予備校等が行う公開模擬学力試験に係る検定料	課 消基通6-11-6
教科用図書	(1) 文部科学大臣の検定を経た教科用図書（いわゆる検定済教科書）及び文部科学省が著作の名義を有する教科用図書の譲渡	非 消基通6-12-1
	(2) 教科用図書の供給業者等が教科用図書の配送等の対価として収受する手数料	課 消基通6-12-2
	(3) 参考書や問題集等の補助教材の譲渡	課 消基通6-12-3
賃貸収入	国内において、事業者が事業として対価を得て行う課税資産の貸付け	課

項目	具体的事例	判定 参照法令
土地の貸付け	(1) 契約による貸付期間が１月未満の土地の貸付け **注意点** あらかじめ定められた貸付期間が１月以上であったものが、その後の事情で１月未満となった場合でもその土地の貸付けは非課税になり、逆に、定められた期間が１月未満であったものがその後の事情で貸付期間が１月以上となった場合でも課税となる	課 消令8 消基通6-1-4
	(2) 借地権の名義変更に伴う名義書換料	非
店舗等の貸付け	(1) 国内における店舗の貸付け	課
	(2) 国内における工場の貸付け	課
	(3) 国内における事務所の貸付け	課
	(4) ビルのテナントから収受する水道光熱費等の共益費として毎月定額を収受するもの	課
	(5) ビルのテナントから収受する水道光熱費等で、各テナントごとのメーターによりテナントごとに明確に区分され、かつ、立替金で処理したものの受領	不
	(6) ビルの賃借人が契約の解除に伴って受領する立退料	不 消基通5-2-7
	(7) 子会社に対する事務所の無償貸付け **注意点** 消費税では課税対象外（不課税）となるが法人税では寄附金等となる	不

項目	具体的事例	判定 参照法令
権利の使用料等	(1) 商標を使用させることによるロイヤリティの使用料	課
	(2) 特許権に実施権を設定することにより受け取る対価	課
住宅の貸付け	(1) 住宅の貸付け	非
	(2) 住宅であっても契約で、事務所用として貸付け	課
	(3) 契約において住宅として貸し付けている建物を賃借人が賃貸人と契約変更をせずに、賃借人が事務所用として使用	非 消基通6-13-8（注）
	(4) 契約において住宅として貸し付けている建物について、当事者間で住宅以外の用途に契約変更をした場合の貸付け	課 消基通6-13-8
	(5) 住宅の貸付けに際し収受した礼金	非
	(6) 住宅の貸付けに際し収受した敷金で将来返還するもの	不
	(7) 住宅家賃と共に収受した共益費（共同住宅における共用部分に係る費用を入居者が応分に負担するもの）収入	非 消基通6-13-9
	(8) 社宅や独身寮の貸付けによる家賃収入	非
	(9) 契約において用途が明らかにされていない場合の家賃収入（貸付け等の状況からみて人の居住の用に供されていることが明らかであるもの）	非 消法別表第二十三

項　目	具体的事例	判定 参照法令
住宅の転貸	住宅を賃借人が自ら使用しないで賃借人が住宅として転貸することが明らかな場合の住宅の貸付け	非 消基通6-13-7
店舗併用住宅の貸付け	住宅と店舗又は事務所等の事業用施設が併設されている建物を一括して貸付け **注意点** 住宅の貸付けに係る対価の額と住宅以外の貸付けに係る対価の額を貸付面積の比により按分する方法などにより合理的に区分する	住宅部分 非 店舗等部分 課 消基通6-13-5（注）
有料老人ホーム・ケア付住宅	住宅の貸付けに付随して役務提供を約しているもの **注意点** 食事の提供の場合には、１食当たりの単価を見積もった上で計算する方法等や、その他の役務提供の場合には、原価計算の方法等により役務提供の対価の額を見積もる方法等により合理的に区分する なお、一定の有料老人ホームにおける一定の飲食料品の提供については、軽減税率が適用されるものもある	住宅の貸付け部分 非 役務提供部分 課 または 課 軽減 消基通6-13-6
旅館業等	(1)　旅館業法第2条第1項に規定する旅館業(ホテル営業、旅館営業など）に係る施設の貸付け	課 消基通6-13-4
	(2)　旅館業法の適用を受けるリゾートマンション、貸別荘等の貸付け	課 消基通6-13-4
駐車場の貸付け	(1)　砂利敷き、アスファルト敷き、コンクリート敷きの駐車場の貸付け（駐車場施設の貸付け）	課 消基通6-1-5

項目	具体的事例	判定 参照法令
	⑵　地面の整備、フェンス、区画、建物の設置等をしていない単なる土地の貸付け	非 消基通6-1-5（注）
駐車場付住宅の貸付け	⑴　一戸建て住宅に係る駐車場の貸付け	非 消基通6-13-3
	⑵　集合住宅に係る駐車場で入居者について一戸当たり１台分以上の駐車スペースが確保されていて、かつ、自動車の保有の有無にかかわらず割り当てられる場合で、住宅の貸付けの対価と別に駐車場使用料等を収受していない場合	非 消基通6-13-3
	⑶　駐車場が住宅の貸付けに付随していると認められるが、住宅家賃とは別に駐車場使用料を収受している場合の駐車場使用料	課 消基通6-13-3
その他施設の貸付け	⑴　テニスコート（施設）の貸付け	課 消基通6-1-5
	⑵　墓地の永代使用料	非
	⑶　墓地等の管理料	課
	⑷　電柱を広告のために使用させる場合に電力会社が収受する電柱使用料	課
	⑸　建物の無償による貸付け	不 消基通5-4-5
返還しない保証金	⑴　住宅の賃貸借契約に伴い収受する保証金、権利金、敷金で、返還をしないこととなったもの	非 消基通5-4-3

項　目	具体的事例	判定 参照法令
	(2)　住宅の賃貸借契約に伴い収受する礼金で返還をしないもの	非
	(3)　土地の賃貸借契約に伴い収受する保証金、権利金で、返還をしないこととなったもの	非 消基通5-4-3
	(4)　店舗の賃貸借契約に伴い収受する保証金、権利金で、返還をしないこととなったもの	課 消基通5-4-3
	(5)　店舗の賃貸借契約に伴い収受する礼金で返還をしないもの	課
	(6)　事務所の賃貸借契約に伴い収受する保証金、権利金で、返還をしないこととなったもの	課 消基通5-4-3
	(7)　事務所の賃貸借契約に伴い収受する礼金で返還をしないもの	課
	(8)　工場の賃貸借契約に伴い収受する保証金、権利金で、返還をしないこととなったもの	課 消基通5-4-3
	(9)　工場の賃貸借契約に伴い収受する礼金で返還をしないもの	課
返還する保証金	(1)　住宅の賃貸借契約に伴い収受する保証金、権利金、敷金で、返還するもの	不 消基通5-4-3
	(2)　土地の賃貸借契約に伴い収受する保証金、権利金で、返還をするもの	不 消基通5-4-3
	(3)　店舗の賃貸借契約に伴い収受する保証金、権利金で、返還するもの	不 消基通5-4-3

項目	具体的事例	判定 参照法令
	(4) 事務所の賃貸借契約に伴い収受する保証金、権利金で、返還するもの	不 消基通5-4-3
	(5) 工場の賃貸借契約に伴い収受する保証金、権利金で、返還するもの	不 消基通5-4-3
	(6) 建物の賃借人が退去する際に預り保証金等から差し引く現状回復費相当額	課
国外資産の貸付け	国外にある資産の貸付け	不
請負収入	(1) 国内において、事業者が事業として対価を得て行う役務の提供	課
	(2) 国外での請負工事	不
	(3) 司法書士が依頼者のために登録免許税等の立替払いをし、相手方に立替金である旨を明らかにして請求し、受領している場合のその立替部分	不 消基通10-1-4
	(4) カード会社が収受するクレジットカードの年会費	課
	(5) 銀行が収受する手形の割引料	非
	(6) 銀行が収受する手形の取立手数料	課
	(7) 銀行が収受する振込手数料	課
仲介手数料	土地等の譲渡又は貸付けに係る仲介手数料	課 消基通6-1-6

項目	具体的事例	判定 参照法令
代金未確定の売上	課税資産を引渡し、課税期間末日までに売上代金が確定していない場合には、その金額を適正に見積もる（確定額との差額は、確定日の課税期間で調整）	課 消基通10-1-20
輸出関係	⑴　本邦からの輸出として行われる資産の譲渡又は貸付け	免 消基通7-2-1
	⑵　外国貨物の譲渡又は貸付け	免 消基通7-2-1
	⑶　国内から国外への旅客又は貨物の輸送	免 消基通7-2-1
	⑷　国外から国内への旅客又は貨物の輸送	免 消基通7-2-1
	⑸　外航船舶等の譲渡又は貸付けで船舶運航事業者等に対するもの	免 消基通7-2-1
	⑹　外航船舶等の修理で船舶運航事業者等の求めに応じて行われるもの	免 消基通7-2-1
	⑺　専ら国内と国外又は国外と国外との間の貨物の輸送の用に供されるコンテナーの譲渡、貸付けで船舶運航事業者等に対するもの又は当該コンテナーの修理で船舶運航事業者等の求めに応じて行われるもの	免 消基通7-2-1
	⑻　外航船舶等の水先、誘導、その他入出港若しくは離着陸の補助又は入出港、離着陸、停泊若しくは駐機のための施設の提供に係る役務の提供等で船舶運航事業者等に対するもの	免 消基通7-2-1

項目	具体的事例	判定 参照法令
	(9) 外国貨物の荷役、運送、保管、検数又は鑑定等の役務の提供  注意点 特例輸出貨物に係るこれらのものについては、所定のものに限られる	 消基通7-2-1（注）
	(10) 国内と国外との間の通信又は郵便若しくは信書便	 消基通7-2-1
	(11) 非居住者に対する無形固定資産等の譲渡又は貸付け	 消基通7-2-1
	(12) 非居住者に対する役務の提供で、国内に所在する資産に係る運送又は保管	 消基通7-2-16
	(13) 非居住者に対する役務の提供で、国内に所在する不動産の管理や修理	 消基通7-2-16
	(14) 非居住者に対する役務の提供で、建物の建築請負	 消基通7-2-16
	(15) 非居住者に対する役務の提供で、電車、バス、タクシー等による旅客の輸送	 消基通7-2-16
	(16) 非居住者に対する役務の提供で、国内における飲食又は宿泊	 消基通7-2-16
	(17) 非居住者に対する役務の提供で、理容又は美容	 消基通7-2-16
	(18) 非居住者に対する役務の提供で、医療又は療養	 消基通7-2-16

項目	具体的事例	判定 参照法令
	⒆ 非居住者に対する役務の提供で、劇場、映画館等の興業場における観劇等	 消基通7-2-16
	⒇ 非居住者に対する役務の提供で、国内間の電話、郵便又は信書便	 消基通7-2-16
	㉑ 非居住者に対する役務の提供で、日本語学校等における語学教育等	 消基通7-2-16
	㉒ 非居住者に対するノウハウ提供	 ノウハウは無体財産権
	㉓ サテライトショップで販売する物品で出国者が帰国若しくは再入国に際し、当該物品を携帯しないことが明らかなとき又は渡航先において当該物品を使用若しくは消費することが明らかなとき	 消基通7-2-21
	㉔ 輸出する物品の製造のための下請け加工	 消基通7-2-2
	㉕ 輸出取引を行う事業者に対して行う国内での資産の譲渡等	 消基通7-2-2
	㉖ 国外で購入した貨物を国内の保税地域に陸揚げし、輸入手続きを経ないで再び国外へ譲渡する場合の当該貨物の譲渡	 消基通7-2-3
	㉗ 海外パック旅行の場合の旅行業者の国内輸送又はパスポート交付申請等の事務代行に係る役務提供	 消基通7-2-6

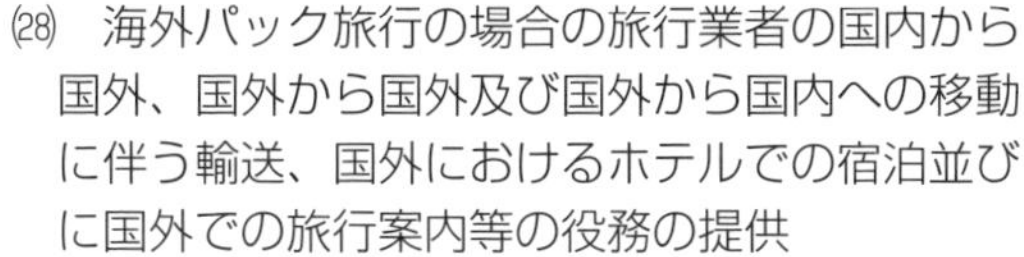

項目	具体的事例	判定 参照法令
	(28) 海外パック旅行の場合の旅行業者の国内から国外、国外から国外及び国外から国内への移動に伴う輸送、国外におけるホテルでの宿泊並びに国外での旅行案内等の役務の提供	 不 消基通7-2-6
	(29) 旅行業者が海外パック旅行に際して、居住者である航空会社等から受ける事務代行手数料	 課
	(30) 日本国籍の外航船等に積み込む船用品又は機用品の譲渡	 免 措法85①
	(31) 外国籍の船舶又は航空機への内国貨物の積み込み	 免 消法7①
	(32) 米軍基地からの受注工事	  免
	(33) 海軍販売所等に対する物品の譲渡	 免 措法86の2
	(34) 輸入許可を受ける前の外国貨物の保税地域における譲渡	 免
	(35) 輸入許可を受けた貨物の保税地域における譲渡	 課
旅客の輸送	(1) 国内の港等を出発地とし、国外の港等を経由して国外の港等を最終到着地とする場合で、国内の港等を出発し、経由する国外の港等で入国手続きすることなく国外の最終到着地までの乗船又は搭乗（乗船等）する旅客の輸送	 免 消基通7-2-7

項　目	具体的事例	判　定 参照法令
	⑵　国内の港等を出発地とし、国外の港等を経由して国外の港等を最終到着地とする場合で、国内の港等から経由する国外の港等まで乗船等する旅客の輸送	免 消基通7-2-7
	⑶　国内の港等を出発地とし、国外の港等を経由して国外の港等を最終到着地とする場合で、経由する国外の港等から国外の最終到着地まで乗船等する旅客の輸送	不 消基通7-2-7
	⑷　国外の港等を出発地とし、国外の港等を経由して国内の港等を最終到着地とする場合で、国外の港等を出発し、経由する国外の港等で入国手続きすることなく国内の最終到着地まで乗船等する旅客の輸送	免 消基通7-2-7
	⑸　国外の港等を出発地とし、国外の港等を経由して国内の港等を最終到着地とする場合で、国外の港等から経由する国外の港等まで乗船等する旅客の輸送	不 消基通7-2-7
	⑹　国外の港等を出発地とし、国外の港等を経由して国内の港等を最終到着地とする場合で、経由する国外の港等から国内の最終到着地まで乗船等する旅客の輸送	免 消基通7-2-7
役務の提供	⑴　設計を行う者の設計事務所等が国内にあり、その設計が非居住者に対するもの	免
	⑵　国内に事務所等を設置していない外国企業からの依頼により、国内において行う広告や宣伝	免 消令17②七
	⑶　国内に事務所等を設置している外国企業からの依頼により、国内において行う広告や宣伝	課

項目	具体的事例	判定参照法令
	(4) 非居住者に対する国内情報の提供	免
	(5) 国内の輸出業者に対する海外情報の提供	課
	(6) 非居住者に対する弁護士業務としての役務提供	免
リース料	海外に所在するリース物件のリース料	不
利子等	(1) 非居住者から受け取る貸付金の利子	免
	(2) 非居住者から受け取る預貯金の利子	免
	(3) 非居住者から受け取る外国債券の利子	免
	(4) 非居住者から受け取る外国ＣＤ・ＣＰの利子・割引料	免
	(5) 非居住者から受け取る外国の合同運用信託・証券投資信託・特定公益信託の受益証券の収益分配金・利子	免
	(6) 非居住者から受け取る抵当証券の利息	免
	(7) 非居住者から受け取る割引債・利付債の償還差益・利子	免
	(8) 割引を受けた者が非居住者である場合の手形の割引料	免

項　目	具体的事例	判定 参照法令
	⑼　金投資口座で次の要件のすべてを満たしているもの ①　銀行等が顧客に交付する金の預り証又は取引規定に金の預り場所を「ロンドンにおいて」等明示していること ②　銀行等と国内の商社等との契約書等においても金の保管場所を具体的に記載していること ③　売買の目的物が現実に海外に保管されていること	不
為替	⑴　為替換算差益	不
	⑵　為替決済差益	不
宗教法人関係	⑴　宗教法人の行うお札、お守り、おみくじの販売	不
	⑵　宗教法人の拝観料	不

売上原価

項　目	具体的事例	判定 参照法令
仕　入		
商品、原材料等の棚卸資産の購入	(1)　課税資産の購入 **注意点** 居住用賃貸建物に該当する場合には、仕入税額控除の対象とならない	課 消法2①十二
	(2)　飲食料品の購入	課 軽減 消法29①二
	(3)　税抜価額が１万円以下で、食品の価額の占める割合が３分の２以上の一体資産の購入	課 軽減 消令2の3
	(4)　非課税資産の購入 **注意点** 例：販売用土地、印紙・証紙、物品切手等、身体障害者用物品、教科用図書等	非 消法6①、別表第二
	(5)　割賦購入 **注意点** 割賦購入による場合でも、仕入金額全額（明示されている利息部分を除く）に係る消費税額を当該仕入の日の属する課税期間において税額控除する	課 消基通11-3-2

項目	具体的事例	判定 参照法令
	⑹ 海外支店が、国外にて商品を仕入れ、その後その商品を国外にて販売した場合のその商品の仕入 **注意点** 商品購入時の商品の所在が国外にあるため、国外取引に該当する。したがって、課税仕入れに該当しない	不 消法4①、4③一
輸入取引	商品、原材料等の外国貨物を保税地域から引き取った場合	
	⑴ 課税資産の引取り	課 消法4②
	⑵ 飲食料品の引取り	課 軽減 消法29①二
	⑶ 非課税資産の引取り **注意点** 例：身体障害者用物品等	非 消法6②、別表第二の二
	⑷ 保税工場において製造された製品の引取り（外国貨物を原材料として製造されたもの）	課 消法4②
	⑸ 保税工場において製造された製品を引取り（内国貨物を原材料として製造されたもの） **注意点** 保税地域において外国貨物の製造に内国貨物を原料として使用したときであっても、製造された貨物は外国貨物とみなされ課税の対象となる	課 消基通5-6-5

項目	具体的事例	判定 参照法令
船荷証券の譲受け	(1) 荷揚地が国内である船荷証券の譲受け **注意点** 船荷証券に記載されている荷揚地が国内であるため、売り手側は、国内において行う外国貨物の譲渡となり、免税売上げに該当する。したがって、買い手側は、課税仕入れに該当しない なお、当該船荷証券に記載されている外国貨物を保税地域から引き取る際には、外国貨物の引き取りとして消費税が課税される ※ 船荷証券とは、運送荷物の引換証であり、船名、貨物の品名、数量、船積地、陸揚港、受取人の記載がされている有価証券である	 消基通5-7-11、6-2-2
	(2) 荷揚地が国外である船荷証券の譲受け **注意点** 船荷証券に記載されている荷揚地が国外であるため、国外取引に該当し、課税仕入れに該当しない	 消基通5-7-11、6-2-2
仕入付随費用	(1) 購入手数料、国内輸送費、荷役費等	
	(2) 国際輸送費	 消法7①三
	(3) 支払利子、運送保険料	 消法6①、別表第二一三
	(4) 関税、登録免許税、不動産取得税等の租税公課	
	(5) 保管料（保険料を除く）	 消法2①十二

項　目	具体的事例	判定 参照法令
	(6)　保税地域内における内国貨物に係る荷役料、運送料、保管料、検収料、通関手続料等	 消法7①五 消令17②四 消基通7-2-12～14
	(7)　保税地域内における外国貨物に係る荷役料、運送料、保管料、検収料、通関手続料等	 消法7①五 消令17②四 消基通7-2-12～14
	(8)　保税地域内における農産物（内国貨物）に係るくんじょうを行った場合の費用 **注意点** くんじょうとは、倉庫に保管する農産物に寄生する害虫を駆除するため、倉庫を密閉して薬剤によりいぶり出すことである	 消法7①五 消令17②四 消基通7-2-12～14
	(9)　保税地域内における農産物（外国貨物）に係るくんじょうを行った場合の費用	 消法7①五 消令17②四 消基通7-2-12～14
仕入商品の廃棄、盗難等による滅失損	仕入商品の廃棄、盗難等による滅失損 **注意点** 仕入税額控除は、その仕入れをした課税期間において行われる。したがって、その後その商品について廃棄、盗難等により滅失しても消費税の課税対象外（不課税）となる	 消基通11-2-9、5-2-13

項目	具体的事例	判定 参照法令
仕入返品等	(1) 商品、原材料等（課税資産）の返品又は値引き  仕入れに係る対価の返還等としてその課税期間の仕入れに係る消費税額から当該返品又は値引きに係る税額相当分を控除する	 消法32
	(2) 課税資産（軽減税率）の返品又は値引き	 消法29①二
	(3) 一定期間内に一定金額を超えて課税資産を購入したことによるリベート（仕入割戻し） 注意点 仕入れに係る対価の返還等としてその課税期間の仕入れに係る消費税額から当該割戻しに係る税額相当分を控除する	 消法32
	(4) 一定期間内に一定金額を超えて課税資産（軽減税率）を購入したことによるリベート（仕入割戻し）	 消法29①二
	(5) 仕入れた商品（課税資産）の代金を支払期日前に支払ったことによる仕入割引 注意点 仕入れに係る対価の返還等としてその課税期間の仕入れに係る消費税額から当該割引に係る税額相当分を控除する	 消法32
	(6) 仕入れた飲食料品の代金を支払期日前に支払ったことによる仕入割引	 消法29①二

項目	具体的事例	判定 参照法令
輸出商品の返品	海外に輸出した商品に欠陥があったことによる輸出商品の返品 **注意点** 本邦から輸出された物品は外国貨物に該当し、これを国内に引き取る場合も外国貨物の引き取りに該当し消費税が課税される ただし、返品による外国貨物の引き取りについては、輸出の許可を受けた際の性質及び形状が変わっていないものに該当するので、引き取りの際の消費税は免除される	免

外注費

項目	具体的事例	判定 参照法令
外注費	外注費の支払い	 消法2①十二 消基通1-1-1

販売費及び一般管理費

項目	具体的事例	判定 参照法令
役員		
役員報酬・賞与	役員報酬又は役員賞与の支給 注意点 所得税法上の給与所得とされる給与等を対価とする役務の提供は、課税仕入れの対象となる役務の提供から除かれる	不 消法2①十二 消基通11-1-2
役員退職金	役員退職金の支給 注意点 課税仕入れの範囲から除かれる「給与等を対価とする役務の提供」とは、雇用契約又はこれに準ずる契約に基づき給与等を対価として労務を提供することであるが、この場合の給与等には、過去の労務の提供を給付原因とする退職金も含まれる	不 消法2①十二 消基通11-1-2
弔慰金	弔慰金の支給	不 消基通5-2-14
社葬費用	(1) 会場使用料	課
	(2) 葬送前後に控室等で提供される茶菓子代	課
	(3) 僧侶に対するお布施	不
	(4) 心付け、寸志 注意点 心付け、寸志には、対価性があるとは認められないため、課税仕入れに該当しない	不

項目	具体的事例	判定 参照法令
従業員給与・賞与		
従業員給与・賞与	従業員給料又は従業員賞与の支給（通勤手当を除く） **注意点** 所得税法上の給与所得とされる給与等を対価とする役務の提供は、課税仕入れの対象となる役務の提供から除かれる	 消法2①十二 消基通11-1-2
通勤手当	通勤手当（定期券等現物による支給を含む）の支給 **注意点** 通勤手当のうち、通勤に通常必要である部分の金額は、課税仕入れの対象となる。したがって、その通勤手当が所得税法の非課税限度額を超えても、通勤に通常必要である部分の金額である限り、課税仕入れに該当する	
マイカー通勤者に支給するガソリン代	マイカー通勤者に支給するガソリン代（通常必要であると認められる金額）	
扶養手当、住宅手当、超過勤務手当等の各種手当	扶養手当、住宅手当、超過勤務手当等の各種手当 **注意点** 所得税法上の給与所得とされる給与等を対価とする役務の提供は、課税仕入れの対象となる役務の提供から除かれる	 消法2①十二 消基通11-1-2
社員等に対して支給する報奨金	(1)　業務上有益な発明、考案又は創作をした使用人等から当該発明、考案又は創作に係る特許を受ける権利、実用新案登録を受ける権利若しくは意匠登録を受ける権利又は特許権、実用新案権若しくは意匠権を承継したことにより支給するもの	 消基通11-2-2
	(2)　特許権、実用新案権又は意匠権を取得した使用人等にこれらの権利に係る実施権の対価として支給するもの	 消基通11-2-2

項目	具体的事例	判定 参照法令
	⑶ 事務若しくは作業の合理化、製品の品質改良又は経費の節約等に寄与する工夫、考案等（特許又は実用新案登録若しくは意匠登録を受けるに至らないものに限り、その工夫、考案等がその者の通常の職務の範囲内の行為である場合を除く）をした使用人等に支給するもの	課 消基通11-2-2
宿直料、日直料	⑴ 宿直料、日直料の支給（現金支給）	不
	⑵ 現物支給した食事（弁当・出前）の購入代	課 軽減
深夜残業者に対する夜勤補助金	⑴ 現金による支給 **注意点** 食事代等の実費弁償の性質を有するとしても、課税仕入れに該当しないものとする（当該補助金は、その性格上給与に該当するものとする）	不 消基通11-1-2
	⑵ 夜勤補助として現物支給した食事（弁当・出前）の購入代	課 軽減
制服その他一定の身回品の支給又は貸与	⑴ 現金で支給する被服手当等	不
	⑵ 現物支給した制服、身回品の購入代	課
利子補給金	住宅取得資金を借り入れた者に対する利子補給金 **注意点** 給与所得者の住宅取得資金の借入れに係る利子補給金は、給与の性質を有するものである。したがって、当該利子補給金は、課税仕入れに該当しない	不 消基通11-1-2

項目	具体的事例	判定 参照法令
従業員退職金		
退職金	従業員退職金の支給	 消基通11-1-2
雑給		
臨時雇、アルバイト	臨時雇賃金又はアルバイト料 **注意点** 臨時雇賃金及びアルバイト料は、通常給与所得に該当する。したがって、課税仕入れに該当しない	 消基通11-1-2
給与負担金		
給与負担金	(1) 出向先法人が出向元法人に対して支払う給与負担金 **注意点** 出向先法人が出向元法人から出向社員を受け入れ、その給与の一部又は全部をに支払う場合のいわゆる負担金は給与とされ、課税仕入れに該当しない	 消基通5-5-10
	(2) 出向先法人が出向元法人に対して支払う給与負担金のうち通勤手当に該当するもの	
	(3) 出向先法人が出向社員に対して給与（通勤手当を除く）を支払い、その後、当該給与の一部を負担金として出向元法人に請求する場合の出向元法人が支払う当該負担金	
格差補てん金	出向元法人が負担する格差補てん金 **注意点** 当該格差補てん金は、給与として取り扱われるので、課税仕入れに該当しない	 消基通11-1-2

項目	具体的事例	判定 参照法令
経営指導料	(1) 出向先法人が出向元法人に対して支払う経営指導料（給与負担金に相当する金額を除く）	課
	(2) 出向先法人が出向元法人に対して支払う経営指導料のうち、経営指導料として相当な金額を超える部分の金額 注意点 相当な金額を超える部分の金額は寄附金に該当する。そして、寄附金には対価性があると認められないため、課税仕入れに該当しない	不 消基通5-2-14
	(3) 出向先法人が出向元法人に対して支払う経営指導料のうち、出向社員の給与負担金に相当する金額	不 消基通5-5-10（注）
退職給与の負担金	出向先法人が自己の負担すべき退職給与負担金を出向元法人に支出した場合におけるその退職給与負担金 注意点 出向先法人におけるその出向者に対する給与として取り扱われる。したがって、課税仕入れに該当しない	不 消基通5-5-10

外交員報酬等

項目	具体的事例	判定 参照法令
外交員報酬等	(1) 外交員、集金人、電力量計等の検針員等に対して支払う報酬又は料金（給与所得に該当するものを除く）	課 消基通11-2-3
	(2) 外交員、集金人、電力量計等の検針員等に対して支払う報酬又は料金のうち給与所得に該当するもの	不 消基通11-2-3

項　目	具体的事例	判　定 参照法令
マネキン報酬	(1)　マネキン紹介所を通じて支払ったマネキンに対する報酬 **注意点** マネキン紹介所を通じて支払ったマネキンに対する報酬は、マネキンの職務内容等に照らし、所得税法上は給与所得に該当する。したがって、課税仕入れに該当しない	不 消基通11-1-2
	(2)　マネキン紹介所に支払うマネキン紹介料 **注意点** マネキン紹介所に支払った紹介料は役務の提供の対価に該当するので課税仕入れに該当する	課
産業医報酬	医療法人に対して産業医を派遣してもらったことにより医療法人に支払う報酬	課

人材派遣料

項　目	具体的事例	判　定 参照法令
人材派遣料	人材派遣会社に支払う派遣社員に係る労働派遣料	課 消基通5-5-11

広告宣伝費

項　目	具体的事例	判　定 参照法令
企業のイメージ広告、商品カタログ等の制作費	(1)　企業のイメージ広告、商品カタログ等の制作費	課
	(2)　国内の広告代理店に委託して作成した海外向けの会社案内作成料	課 消法4③二

項目	具体的事例	判定 参照法令
	(3) 国内の新聞、雑誌への広告掲載のため、国内の広告代理店に支払った広告料  注意点 役務提供の内容が、国内の新聞、雑誌への広告掲載であり、役務提供が行われる場所は国内である。したがって、当該広告料は、課税仕入れに該当する	 課 消法4③二
	(4) 国内の新聞、雑誌への広告掲載のため、国外の広告代理店に支払った広告料 注意点 役務提供の内容が、国内の新聞、雑誌への広告掲載であり、役務提供が行われる場所は国内である。したがって、当該広告料は、課税仕入れに該当する	 課 消法4③二
	(5) 国外の新聞、雑誌への広告掲載のため、国内の広告代理店に支払った広告料 注意点 役務提供の内容が、国外の新聞、雑誌への広告掲載であり、役務提供が行われる場所は国外である。したがって、当該広告料は、課税仕入れに該当しない	 不 消法4③二
	(6) 国外の新聞、雑誌への広告掲載のため、国外の広告代理店に支払った広告料 注意点 役務提供の内容が、国外の新聞、雑誌への広告掲載であり、役務提供が行われる場所は国外である。したがって、当該広告料は、課税仕入れに該当しない	 不 消法4③二

項　目	具体的事例	判定 参照法令
	⑺　海外での広告掲載のために国内での広告の企画立案と海外での広告の掲載に係る報酬を国内の広告代理店に支払った場合 **注意点** 役務の提供が、国内と国外にわたって行われるものの内外判定は、役務の提供を行う者の役務の提供に係る事務所等の所在地である。したがって、当該報酬に係る役務の提供者の事務所等の所在地は、国内にあるため、国内取引となり、課税仕入れに該当する	 消令6②六
	⑻　海外での広告掲載のために国内での広告の企画立案と海外での広告の掲載に係る報酬を国外（支店等を国内に有していない）広告代理店に支払った場合 **注意点** 役務の提供が、国内と国外にわたって行われるものの内外判定は、役務の提供を行う者の役務の提供に係る事務所等の所在地である。したがって、当該報酬に係る役務の提供者の事務所等の所在地は、国外にあるため、国外取引となり、課税仕入れに該当しない	 消令6②六
	⑼　海外での広告掲載のために国内での広告の企画立案と海外での広告の掲載に係る報酬を国外（支店等を国内に有している）広告代理店に支払った場合 **注意点** 非居住者（国外の広告代理店）が行う役務の提供で、当該非居住者が国内に支店又は出張所等を有するときは、その役務の提供は、当該支店又は出張所等を経由して役務の提供があったものとして取り扱う	 消令6②六 消基通7-2-17
	⑽　宣伝広告のための商品、原材料等の購入費用	
屋外看板	⑴　屋外看板を立てるにあたって土地を賃借した場合の土地賃借料	 消法6①、 別表第二一

項目	具体的事例	判定 参照法令
	⑵　屋外看板を立てるにあたってビルの屋上又は電柱等の施設利用をした場合の施設利用料	課
モデル報酬	展示会等におけるモデル報酬 **注意点** モデル報酬は、所得税法204条１項４号に掲げており、給与所得に該当しないため、課税仕入れの対象となる	課
出演料等	⑴　職業運動選手、作家、俳優等の国内事業者に該当する者に対して支払う他の事業者の広告宣伝のための出演料	課 消基通5-1-7（1）
	⑵　職業運動選手、作家、俳優等の国内事業者に該当する者のテレビ出演料等	課 消基通5-1-7（2）
	⑶　サラリーマンや主婦など事業者に該当しない者の出演料	課 消基通11-1-3
広告宣伝用資産	⑴　社名入り自動車又は陳列ケース等広告宣伝用資産の取引先への贈与 **注意点** 贈与行為そのものは無償取引であるため、対価性がない。したがって、課税の対象とはならない	不 消基通5-1-5
	⑵　社名入り自動車又は陳列ケース等広告宣伝用資産の購入	課
社名入り図書カード・クオカード	⑴　図書カード・クオカードの購入	非 消法6①、別表第二ー四ハ
	⑵　カードに入れる社名等の印刷費用	課

販売費及び一般管理費

項　目	具体的事例	判定 参照法令
スポーツ大会協賛金	プロのスポーツ大会の協賛金等として支払う金品 **注意点** プロのスポーツ大会の協賛金等は、企業の広告宣伝を目的としたものであり、課税の対象となる	 消法2①十二
共同行事の負担金	(1)　共同行事の参加者が支払う負担金（下記(2)、(3)、(4)、(5)を除く）	 消基通5-5-7、11-2-7
	(2)　共同行事の負担金につき、予め参加者ごとに負担割合が設定されており、当該共同行事の主宰者が、参加者から収受した負担金（課税仕入れに該当する）につき仮勘定として経理している場合の参加者の負担金 **注意点** 参加者が負担割合に応じて行事を直接実施したものとし、当該負担金は参加者が業者等に直接支払ったものとする	 消基通5-5-7、11-2-7
	(3)　共同行事の負担金につき、予め参加者ごとに負担割合が設定されており、当該共同行事の主宰者が、参加者から収受した負担金（免税仕入れに該当する）につき仮勘定として経理している場合の参加者の負担金	免 消基通5-5-7、11-2-7
	(4)　共同行事の負担金につき、予め参加者ごとに負担割合が設定されており、当該共同行事の主宰者が、参加者から収受した負担金（非課税仕入れに該当する）につき仮勘定として経理している場合の参加者の負担金	 消基通5-5-7、11-2-7
	(5)　共同行事の負担金につき、予め参加者ごとに負担割合が設定されており、当該共同行事の主宰者が、参加者から収受した負担金（不課税仕入れに該当する）につき仮勘定として経理している場合の参加者の負担金	 消基通5-5-7、11-2-7

項目	具体的事例	判定 参照法令
賞金等	受賞者が、その受賞に係る役務の提供を業とする者であり、かつ賞金等の給付が予定されている催物等に参加し、その結果として給付を受ける賞金等	課 消基通5-5-8
広告宣伝のための商品等の自社使用又は消費	(1) 使用又は消費する行為 **注意点** 広告宣伝を行うための商品、原材料は、これらの仕入れの時点において課税仕入れとなる	不 消基通5-2-12
	(2) 使用又は消費した商品等（課税資産）の購入	課
法定公告費用	決算公告、合併広告など会社法等の法律に基づく法定公告費用	課
インターネットホームページの作成	(1) 国内の事業者に支払ったインターネットホームページ作成料	課
	(2) 来日中の留学生（非居住者）に支払ったインターネットホームページ英語翻訳料	課 消法4③二 消基通11-1-3
キャッシュバックサービス	利益還元の一環として、商品の購入者に対して5％のキャッシュバックサービスを行った場合 (1) 購入した商品が課税資産である場合のキャッシュバックサービス **注意点** キャッシュバックサービスは、売上げに係る対価の返還等に該当する	課 消法38

項目	具体的事例	判定 参照法令
	(2) 購入した商品が課税資産（軽減対象資産）である場合のキャッシュバックサービス **注意点** キャッシュバックサービスは、売上げに係る対価の返還等に該当する なお、売上げが軽減税率の対象であるため、当該売上げに係る対価の返還等も軽減税率となる	 軽減 消法29①二、38
	(3) 購入した商品が非課税資産である場合のキャッシュバックサービス **注意点** キャッシュバックサービスは、売上げに係る対価の返還等に該当する なお、売上げが非課税であるため、当該売上げに係る対価の返還等も非課税である	非 消法38

荷造運賃等

項目	具体的事例	判定 参照法令
荷造費	荷造費（原則）	
保管料、倉庫料、運送料	(1) 保管料、倉庫料、運送料（原則）	
	(2) 保管料、倉庫料、運送料の中に保険料が含まれている場合の当該保険料	
	① 保険会社と締結する保険契約の名義人がこれらの費用の支払法人（荷主）であり、運送会社等が運送料等としてまとめて請求する場合	
	② 保険会社と締結する保険契約の名義人がこれらの費用の支払法人（荷主）であり、運送会社等が保険料として別途請求する場合	

項目	具体的事例	判定 参照法令
	③　保険会社と締結する保険契約の名義人が運送会社等である場合  注意点 処理の如何を問わず、課税仕入れに該当する 	 課
	(3)　国際輸送運賃	 免 消法7①三
	(4)　保税地域における外国貨物に係る保管料	 免 消法7①五 消令17②四 消基通7-2-12～14
	(5)　保税地域における内国貨物に係る保管料	 免 消法7①五 消令17②四 消基通7-2-12～14
	(6)　保税地域における外国貨物に係る運送料	 免 消法7①五 消令17②四 消基通7-2-12～14
	(7)　保税地域における内国貨物に係る運送料	 免 消法7①五 消令17②四 消基通7-2-12～14

項目	具体的事例	判定 参照法令
	販売奨励金	
販売奨励金	(1) 販売促進の一環として取引先に対して課税資産の販売数量、販売高に応じて販売奨励金、販売協力金等として金銭により支払う場合  注意点 販売促進の一環として取引先に対して販売数量、販売高に応じて支払う販売奨励金、販売協力金等は、売上げに係る対価の返還等に該当する	 課 消法38
	(2) 軽減税率対象資産の販売促進の一環として取引先に対して課税資産の販売数量、販売高に応じて販売奨励金、販売協力金等として金銭により支払う場合 注意点 軽減税率対象資産の販売促進の一環として取引先に対して販売数量、販売高に応じて支払う販売奨励金、販売協力金等は売上げに係る対価の返還等に該当し、軽減税率に対応するものは軽減税率による対価の返還等となる	 課 軽減 消法29①二、38
	(3) 特約店のセールスマンに対して直接支払う販売奨励金、販売協力金等 注意点 特約店のセールスマンに対して直接支払う販売奨励金、販売協力金等は、役務提供の対価として課税仕入れに該当する	課 消法2①十二
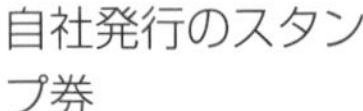 自社発行のスタンプ券	(1) 顧客にスタンプ券を無償交付する場合 注意点 商品等の購入時にスタンプ券を無償交付する行為には課税関係は生じない	 不

項 目	具 体 的 事 例	判 定 参照法令
	⑵ 顧客が貯めたスタンプ券と商品とを交換する場合 **注意点** 顧客が貯めたスタンプ券と商品とを交換する行為には課税関係は生じない	不
	⑶ 値引き販売する場合 **注意点** スタンプ券の枚数に応じて値引き販売する場合には、実際に収受する金銭の額が当該商品の対価の額となる なお、当該商品が軽減税率の対象である場合には、軽減税率による対価の額となる	課 または 課 軽減
スタンプ会発行のスタンプ券	⑴ 加盟店がスタンプ会からスタンプ券を購入する場合 **注意点** 加盟店がスタンプ会からスタンプ券を購入する場合の購入代金は、課税仕入れとなる	課
	⑵ 顧客に対してスタンプ券を交付した場合 **注意点** 顧客に対するスタンプ券の交付は、無償取引に該当するため課税対象外（不課税）となる	不
	⑶ 顧客が呈示したスタンプ券の枚数に応ずる商品の引渡し **注意点** 顧客が呈示したスタンプ券の枚数に応ずる商品の引渡しは、課税の対象となる なお、引渡す商品が軽減税率の対象である場合には、軽減税率による課税の対象となる	課 または 課 軽減
情報提供料	⑴ 金銭による情報提供料の支払い	課

項目	具体的事例	判定 参照法令
	⑵　景品等の物品による支給 **注意点** 景品等の物品による場合には、景品等の支給時ではなくその景品等の物品の購入時に課税仕入れに該当する	
	⑶　情報提供者が秘匿の場合の情報提供料 **注意点** 情報の提供に基づく支払いであっても、相手方から、請求書等の交付が受けられず、かつ、その事実を帳簿等に記載できないものは、課税仕入れであっても仕入税額控除の対象とならない	 消法30⑦
	⑷　海外市場に関する情報提供を受けたことにより、国内の調査会社に支払った情報提供料 **注意点** 情報の提供に係る取引の内外判定は、情報の提供を行う者の情報の提供に係る事務所等の所在地となる	 消令6②六
	⑸　海外市場に関する情報提供を受けたことにより、国外の調査会社（国内に支店等を有していない）に支払った情報提供料	 消令6②六
	⑹　海外市場に関する情報提供を受けたことにより、国外の調査会社（国内に支店等を有している）に支払った情報提供料 **注意点** 非居住者（国外の調査会社）が行う役務の提供で、当該非居住者が国内に支店又は出張所等を有するときは、その役務の提供は、当該支店又は出張所等を経由して役務の提供があったものとして取り扱う	 消令6②六 消基通7-2-17
	⑺　国内市場に関する情報提供を受けたことにより、国外の調査会社（国内に支店等を有していない）に支払った情報提供料	 消令6②六

項目	具体的事例	判定 参照法令
	(8) 国内市場に関する情報提供を受けたことにより、国外の調査会社（国内に支店等を有している）に支払った情報提供料 **注意点** 非居住者（国外の調査会社）が行う役務の提供で、当該非居住者が国内に支店又は出張所等を有するときは、その役務の提供は、当該支店又は出張所等を経由して役務の提供があったものとして取り扱う	 消令6②六 消基通7-2-17

見本品費・試供品費等

項目	具体的事例	判定 参照法令
見本品・試供品等	得意先等に配布する商品の見本品、試供品等の購入	
	(1) 商品の購入 **注意点** 試食品である飲食料品の購入は軽減税率の対象	 または 
	(2) 見本品、試供品の配布 **注意点** 無償取引であり、対価性がない。したがって、課税仕入れに該当しない	
自社製作	メーカー等が自社で製作した見本品、試供品等の配布 **注意点** メーカー等が自社で作成した見本品、試供品等を配布した場合には、無償取引となるので課税対象外となる（これらの原材料等の仕入れの際に課税仕入れとして税額控除しているため）	 消法2①十二

項目	具体的事例	判定 参照法令
サービス品、おまけ	商品等の販売に際して提供するサービス品 **注意点** 商品等の販売に際して提供するサービス品は、無償取引であり、対価性がない。したがって、課税仕入れに該当しない	 消法2①十二

特許権使用料等

項目	具体的事例	判定 参照法令
特許権使用料	⑴　国内で登録された特許権の使用料 **注意点** 特許権の貸付けに係る内外判定は、特許権を登録した機関の所在地で行われる	 消令6①五
	⑵　国外で登録された特許権の使用料	 消令6①五
	⑶　国内、国外で両方で登録された特許権の使用料（特許権の所有者の住所地が国内である場合）  **注意点** 同一の特許権について２以上の国に登録されている場合の内外判定は、特許権の貸付けを行う者の住所地で行われる	 消令6①五
	⑷　国内、国外で両方で登録された特許権の使用料（特許権等の所有者の住所地が国外である場合）	 消令6①五 消基通5-7-10
技術指導料	⑴　国内において行われる技術指導にかかわる技術使用料 **注意点** 役務の提供を受けた場所が国内であるため、課税仕入れに該当する	 消法4③二

項目	具体的事例	判定 参照法令
	⑵ 国外において行われる技術指導にかかわる技術使用料 **注意点** 役務の提供を受けた場所が国外であるため、課税仕入れに該当しない	不 消法4③二
著作権使用料	⑴ 著作権者に支払う著作権使用料（著作権者の住所地が国内である場合）	課 消令6①七
	⑵ 著作権者に支払う著作権使用料（著作権者の住所地が国外である場合）	不 消令6①七 消基通5-7-10
ノウハウ使用料	⑴ ノウハウの提供者である内国法人に対して支払うノウハウ使用料 **注意点** いわゆるノウハウは著作権等に該当し、著作権等に係る取引の内外判定は、その貸付けを行う者の住所地により判定される	課 消令6①七
	⑵ ノウハウの提供者である外国法人に対して支払うノウハウ使用料	不 消令6①七 消基通5-7-10
ASP利用料	⑴ 国内のASP事業者に対して支払う販売管理、生産管理、財務管理等のアプリケーションソフト利用料	課 消法4③

項目	具体的事例	判定 参照法令
	(2) 国外のASP事業者に対して支払う販売管理、生産管理、財務管理等のアプリケーションソフト利用料（クラウド上のもの） 注意点 事業者向け電気通信利用役務の提供の場合には、リバースチャージ方式により売上げの消費税と仕入れの消費税が発生するが、課税売上割合95%以上又は簡易課税の適用を受ける課税期間については、特定課税仕入れはなかったものとされる また、消費者向け電気通信利用役務の提供の場合には、登録国外事業者から受けたものについては仕入税額控除の適用が認められ、登録国外事業者以外から受けたものについては仕入税額控除が認められない	 消法2①八の二・八の三・八の四、4①、5①

旅費交通費

項目	具体的事例	判定 参照法令
国内出張費等	(1) 出張旅費、宿泊費、日当（通常必要であると認められる範囲）	
	(2) 出張旅費、宿泊費、日当（通常必要であると認められる範囲を超える部分） 注意点 通常必要であると認められる範囲を超える部分は、所得税法上の給与として扱われるため課税仕入れに該当しない	 消基通11-1-2
	(3) 転勤に伴い支出する旅費及び転居費用（通常必要であると認められる部分）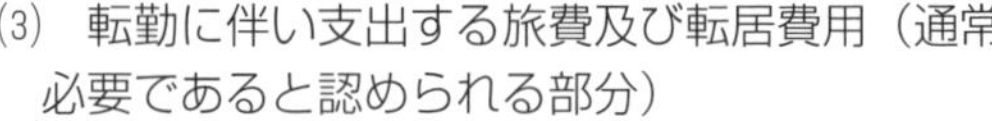	
	(4) 転勤に伴い支出する旅費及び転居費用（通常必要であると認められる部分以外の部分） 注意点 通常必要であると認められる範囲を超える部分は、所得税法上給与として扱われるため課税仕入れに該当しない	 消基通11-1-2

項目	具体的事例	判定 参照法令
海外出張費等	(1) 海外出張のための準備費用（身の回り品等の購入費）として支給する支度金	課 消法2①十二
	(2) 国内における交通費及び宿泊費	課
	(3) 国内と国外との間の航空運賃	免 消法7①三
	(4) 国内と国外との間の輸送にかかわる燃油サーチャージ料金	免 消法7①三
	(5) 海外におけるホテル代、食事代、タクシー代を支払った場合	不
	(6) 海外での移動のために支払った電車代、航空運賃	不
	(7) 海外出張に伴う日当	不
	(8) 国内の国際空港等から出国する際に支払う旅客サービス施設利用料	課
	(9) 国外の空港を利用した際に支払う旅客サービス施設利用料	不
ホームリーブ旅費又は家族の呼び寄せのための旅費	(1) ホームリーブ旅費（国内における移動にかかわる部分）	課
	(2) ホームリーブ旅費（国内との国外との間の航空運賃）	免 消法7①三
	(3) ホームリーブ旅費（国外における移動にかかわる部分）	不

項目	具体的事例	判定 参照法令
	(4) 家族の呼び寄せのための旅費（国内における移動にかかわる部分）	課
	(5) 家族の呼び寄せのための旅費（国内との国外との航空運賃）	免 消法7①三
	(6) 家族の呼び寄せのための旅費（国外における移動にかかわる部分）	不
海外からの赴任者に対する支度金	(1) 着任後に支給する赴任支度金 **注意点** 海外から研修生等を受け入れ、着任後に支給する赴任支度金は、課税仕入れとすることが認められている	課 消法2①十二
	(2) 日本着任前に支給する赴任支度金	不 消法2①十二
航海手当	(1) 内航船に係るもの（内国航海手当）	課
	(2) 外航船に係るもの（外国航海手当）	不
出向社員の旅費等	出向先法人が出向元法人に対して支払う給与負担金のうち派遣社員の旅費、日当、通勤手当に該当するもの	課
社員採用費	入社試験の受験者、採用予定者に対して現金で支給する交通費、日当、支度金等（旅費規定に基づき支給されるもの）	課
顧客招待費	顧客を招待するため、直接旅行会社等に支払った旅費、宿泊費	課

項目	具体的事例	判定 参照法令
海外パック旅行	(1) 国内における役務提供部分 **注意点** 国内輸送、パスポート交付申請等の事務代行等は、国内における課税資産の譲渡等に該当するため課税仕入れに該当する	課 消基通7-2-6（1）
	(2) 国外における役務提供部分 **注意点** 国外間の輸送、国外における宿泊費等の国外における役務提供部分は課税仕入れに該当しない	不 消基通7-2-6（2）
トラベラーズチェック	(1) トラベラーズチェックの購入 **注意点** トラベラーズチェックの購入は、トラベラーズチェックの売り手側においては、支払手段の譲渡に該当し非課税売上げとなる。したがって、買い手側においては、非課税仕入れに該当する	非 消法6①、別表第二－五二 消基通6-2-3
	(2) トラベラーズチェックの発行手数料 **注意点** トラベラーズチェックの発行手数料は、外国為替業務に係る役務の提供に該当し非課税となるため課税仕入れに該当しない	非 消法6① 消基通6-5-3（2）
海外支店への土産代	海外支店の職員への土産代 (1) 国内で購入した場合	課
	(2) 成田空港等にある免税店で購入した場合	免 消基通7-2-20
	(3) 海外で購入した場合	不
ガソリン代	ガソリン代	課

項目	具体的事例	判定 参照法令
軽油代	(1) 軽油代（下記(2)を除く）	課
	(2) 特別徴収義務者に支払った軽油引取税	不
レンタカー代	国内におけるレンタカー代	課
ETC利用料	国内におけるETC利用料	課
通信費		
国内電話料、ファックス料、郵送料	国内における電話料、ファックス使用料及び郵送料	課
郵便切手類の購入	(1) 日本郵便株式会社からの郵便切手の購入 **注意点** 日本郵便株式会社から購入した郵便切手は原則として郵送等のサービスの提供を受けた時に課税仕入れとなる ただし、郵便切手を購入した事業者自身が引換給付を受ける場合には、継続適用を要件として対価を支払った日の属する課税期間の課税仕入れとして処理することができる	課 消基通11-3-7
	(2) 金券ショップ等日本郵便株式会社等以外から郵便切手を購入した場合	課 消基通6-4-1
EMS利用料	EMS利用料	免 消法7①五 消令17②五
レターパック	レターパックの利用 **注意点** レターパックは郵便切手類に該当する。したがって、購入時は非課税であるが、利用時に課税仕入れとなる	課 消基通11-3-7

項目	具体的事例	判定 参照法令
国際電話、国際電信	国際電話、国際電信利用料	免 消法7①三
海外で利用した電話代、ファックス代	海外出張の際、海外のホテルで外国の取引先にかけた電話代、ファックス代	不
料金計器による郵便料金	料金計器による郵便料金 **注意点** 料金計器による郵便料金の課税仕入れの時期は、自社使用分であれば、予納額の納付時点で課税仕入れとすることができる	課
ケーブルテレビ利用料	ケーブルテレビ利用料	課
水道光熱費		
電気代、ガス代、上下水道代	電気代、ガス代、上下水道代（支払遅延に伴う割増料金を含む）	課
寄附金		
金銭による寄附	金銭による寄附 **注意点** 寄附金は対価性がないため、課税仕入れに該当しない	不
物品による寄附	(1) 寄附する行為	不 消法2①十二
	(2) 寄附する物品の購入	課

項目	具体的事例	判定 参照法令
祈祷料、初穂料、玉串料	初詣の際に神社に支払った祈祷料、初穂料、玉串料 **注意点** これらは、神社に対する寄附であり、対価性がないため、課税仕入れに該当しない	 不 消法2①十二
交際費		
接待飲食代	接待飲食代を支払った場合	課
接待ゴルフ代	接待ゴルフ代を支払った場合	
	⑴　ゴルフプレー費等のうち、プレー代、キャディーフィー	課
	⑵　ゴルフプレー費等のうち、ゴルフ場利用税 **注意点** ゴルフ場利用税を税金として明確に区分して預り金として処理している場合に限る	不 消基通10-1-11
ゴルフクラブ、レジャークラブ等の入会金、年会費	⑴　脱退の際に返還される入会金	不
	⑵　脱退の際に返還されない入会金	課 消基通11-2-5
	⑶　年会費	課
慶弔費	⑴　香典、ご祝儀等現金による支出	不 消基通5-2-14

項目	具体的事例	判定 参照法令
	(2) 祝い品、電報、供花、花輪等の物品の購入	課
費途不明交際費	交際費、機密費等の名義をもって支出した金銭 注意点 これらは、その費途が明らかでないため、課税仕入れである場合でも仕入税額控除の対象とならない	不 消基通11-2-23
野球のシーズン観覧予約席料	野球場のシーズン予約席料 注意点 シーズン予約料は、主催者と予約者の間の契約に基づくシーズン中における野球観戦を目的とした席料であるとともに、野球を観戦させるという役務の提供の対価と考えられるため課税仕入れに該当する	課
運転手又はお手伝いさん等に対するチップ代	運転手やお手伝いさん等に対するチップ 注意点 チップは、運送等の役務の提供の対価の支払いとは別に支払うものであるため課税仕入れに該当しない	不
贈答品	(1) 贈答品の購入（商品券、ビール券等を除く） 注意点 飲食料品の購入の場合には軽減税率	課 または 課 軽減
	(2) 商品券、ビール券等の購入	非 消法6①、別表第二ー四ハ
旅行、観劇等の招待費用	(1) 国内旅行招待費用	課
	(2) 海外旅行招待費用	免 消法7①三

項目	具体的事例	判定 参照法令
	⑶　得意先に配布する観劇用のチケットの購入	非 消法6①、別表第二－四ハ
	⑷　接待のために自社で使用する観劇用のチケットの購入	課
謝礼金	得意先、仕入先等の従業員に対して取引の謝礼として支払った現金	不
談合金	工事の入札等に際して支払った談合金 **注意点** 談合金は、本来入札等に参加できる事業者が参加しないことなどを条件として支払うものであるから一種の役務の提供（不作為の役務の提供）を受けたことの対価として課税仕入れに該当する	課

備品・消耗品費

項目	具体的事例	判定 参照法令
文房具代	文房具代、コピー用紙代等の備品・消耗品を購入	課
書籍代	⑴　雑誌、書籍、新聞の購入（⑵を除く）	課
	⑵　一定の新聞の定期購読契約に基づく購入	課 軽減 消法29①二、別表第一－二
作業服代	事務員又は販売員等に支給するユニフォーム等の購入	課

項目	具体的事例	判定 参照法令
ソフトウェア	(1) インターネットを通じて国内の事業者からダウンロードしたソフトウェア	 消法２①八の三、4③
	(2) インターネットを通じて国外の事業者からダウンロードしたソフトウェア（役務の提供を受ける者が通常事業者に限られるもの） **注意点** 国外事業者が行う電気通信利用役務の提供のうち、当該役務提供を受ける者が通常事業者に限られるもの（「事業者向け電気通信利用役務の提供」）については、役務提供を受けた国内事業者に申告納税義務が課される（リバースチャージ方式）	 消法２①八の二・八の三・八の四、4①、5①
	(3) インターネットを通じて国外の事業者（登録国外事業者）からダウンロードしたソフトウェア（一般消費者もダウンロードが可能） **注意点** 国外事業者が行う「事業者向け電気通信利用役務の提供」以外のものについては、国外事業者に申告納税義務があり、当該国外事業者が登録国外事業者である場合には、仕入税額控除が認められる	 消法30①
	(4) インターネットを通じて国外の事業者（登録国外事業者ではない）からダウンロードしたソフトウェア（一般消費者もダウンロードが可能） **注意点** 国外事業者が行う「事業者向け電気通信利用役務の提供」以外のものについては、国外事業者に申告納税義務があり、当該国外事業者が登録国外事業者でない場合には、当分の間、仕入税額控除が認められない	 ただし実質  消法30 平成27年改正法附則38①

販売費及び一般管理費

項目	具体的事例	判定 参照法令
法定福利費		
社会保険料、労働保険料	(1) 健康保険料、厚生年金保険料、雇用保険料の事業主負担分及び児童手当拠出金、労災保険料（厚生年金基金契約等に係る事務費用部分を除く）	 消基通6-3-1（4）
	(2) 厚生年金基金契約等に係る事務費用部分	
福利厚生費		
慶弔費	(1) 従業員への結婚祝、香典、傷病見舞金、出産祝等現金で支給する慶弔金	 消基通5-2-14
	(2) 従業員の慶弔禍福に際して、祝品、生花、花輪等の物品を贈る場合のその購入代金	
医療関係費用	(1) 定期健康診断（人間ドック）、予防接種 注意点 健康診断、予防接種は保険診療に該当しないため課税	
	(2) 常備医薬品（薬局等で購入する医師の処方せんに基づかないもの）	
	(3) 産業医の報酬 ① 医療法人への委託に基づき医療法人から派遣された勤務医の場合 注意点 医療法人に支払う委託料は医療法人においてその他の医業収入となるものであるため課税仕入れとなる	

項目	具体的事例	判定 参照法令
	② 産業医が開業医（個人）の場合 **注意点** 産業医の給与収入となるため不課税	不
借上げ社宅	(1) 敷金、保証金、権利金、更新料のうち返還されるもの	不 消基通5-4-3
	(2) 敷金、保証金、権利金、更新料のうち返還されないもの（原状回復費相当額を除く）	非 消基通5-4-3
	(3) 家賃、共益費	非
	(4) 駐車場代 **注意点** ただし、一戸建て住宅に係る駐車場、集合住宅に係る駐車場で車所有の有無にかかわらず１戸につき１台以上の駐車場が付属する場合において、駐車場代が家賃に含まれているときは非課税	課
	(5) 原状回復費（敷金等から差し引かれるものを含む）	課
	(6) 火災保険料	非
自社所有社宅、社員寮	(1) 購入費用（土地の購入費用を除く）	課
	(2) 修繕費、維持費、水道光熱費等	課
	(3) 管理人等の給与	不
	(4) 火災保険料	非

項目	具体的事例	判定 参照法令
	(5) 固定資産税	不
	(6) マンション管理組合の管理費	不
家賃補助	従業員が契約した借家の賃料の一部を事業主が負担した場合 **注意点** 借家の所有者に事業主が直接支払うものであっても、その金額は従業員に対する給与とされるため課税対象外（不課税）となる	不
福利厚生施設（保養所、体育館等）	(1) 購入費用（土地の購入費用を除く）	課
	(2) 修繕費、維持費、水道光熱費等	課
	(3) 管理人等の給与	不
	(4) 火災保険料	非
	(5) 固定資産税	不
	(6) 福利厚生施設の賃借料	課
社員慰安旅行	(1) 国内旅行 ① 事業主が実費を負担した場合	課
	② ①のうちジュースやお菓子等の飲食料品に係る支出	課 軽減

項目	具体的事例	判定 参照法令
	③　補助金として金銭を支給した場合	
	イ　金銭を支給した場合で、会社宛の領収書等により会社の課税仕入れであることが明らかにされているとき	課
	ロ　イのうちジュースやお菓子等の飲食料品に係る支出	課 軽減
	ハ　上記イ、ロ以外の場合	不
	(2)　海外旅行	
	①　国内輸送又はパスポート交付申請等の事務代行等、国内における役務の提供	課 消基通7-2-6（1）
	②　国内の空港の施設使用料	課
	③　国内から国外、国外から国外及び国外から国内への移動に伴う輸送、国外におけるホテルでの宿泊並びに国外での旅行案内等、国外における役務の提供	免　不 消基通7-2-6（2）
	④　役員だけの慰安旅行 **注意点** 慰安旅行の費用が給与課税の対象とされる場合には、課税仕入れに該当しない	不
忘年会・歓送迎会等	(1)　会社内において事業主が実費を負担して実施した場合	課

項目	具体的事例	判定 参照法令
	(2) (1)のうちジュースやお菓子等の飲食料品に係る支出	課 軽減
	(3) 会社内において補助金として金銭を支給して実施した場合	
	① 金銭を支給した場合で、会社宛の領収書等により会社の課税仕入れであることが明らかにされているとき	課
	② ①のうちジュースやお菓子等の飲食料品に係る支出	課 軽減
	③ 上記①、②以外の場合	不
運動会・文化祭等	(1) 事業主が実費を負担した場合	課
	(2) (1)のうちジュースやお菓子等の飲食料品に係る支出	課 軽減
	(3) 補助金として金銭を支給した場合	
	① 金銭を支給した場合で、会社宛の領収書等により会社の課税仕入れであることが明らかにされているとき	課
	② ①のうちジュースやお菓子等の飲食料品に係る支出	課 軽減
	③ 上記①、②以外の場合	不

項　目	具体的事例	判　定 参照法令
レジャークラブの会費	(1)　レジャークラブの会費（原則）	
	(2)　個人が負担すべきものを会社が負担した場合	
従業員団体（運動部・文化サークル等）に対する助成金	(1)　消費税法基本通達1-2-4の規定により事業者と同体として取り扱われる従業員団体に対する助成金 ①　従業員団体に対する助成金の支出 注意点 支出の段階では、社内の単なる資金移動とされるため課税対象外（不課税）となる	
	②　従業員団体における課税仕入れに係る支出 注意点 従業員負担分がある場合において、会社負担分と従業員負担分とが適正に区分されているときには、その区分されたところによる	  消基通1-2-4、1-2-5 
	③　②のうちジュースやお菓子等の飲食料品に係る支出	
	(2)　消費税法基本通達1-2-4の規定に該当しない従業員団体に対する助成金 ①　交付した金銭の範囲内の金額で、レクリエーション費用として費消されたことが領収書において明らかにされている金額	
	②　①のうちジュースやお菓子等の飲食料品に係る支出	

販売費及び一般管理費

項目	具体的事例	判定 参照法令
	③　上記①、②以外の金額	不
持株奨励金	社員持ち株会に対する奨励金、助成金	不
社員共済会	社員共済会等に対する補助金、負担金等	不
永年勤続者に対する記念品、旅行券等	(1)　永年勤続者に支給する記念品の購入費用 **注意点** 物品そのものの仕入れであるため給与として課税されるかどうかにかかわらず、課税仕入れに該当する	課
	(2)　永年勤続者に旅行券を支給する場合 ①　給与として課税されない場合 （旅行の実行日の属する課税期間の課税仕入れとなる）	課
	②　給与として課税される場合 （旅行券の使用状況を管理していない場合）	不
	(3)　従業員に対して福利厚生の一環として、催物等の入場券（自社が発行したもの除く）を支給した場合 **注意点** 物品切手等を支給する場合には継続適用を条件として、その物品切手等の対価を支払った日又はその支給をした日の属する課税期間の課税仕入れとすることができる	課 消基通11-3-7
	(4)　自社が発行した物品切手等を従業員に支給した場合 **注意点** 棚卸資産を従業員に無償で譲渡することと同様であるため課税仕入れに該当しない	不

項目	具体的事例	判定 参照法令
社員食堂	(1) 給食施設の材料費、水道光熱費、外部委託費（人件費に係る部分があってもその全額が課税仕入れ）	課
	(2) (1)のうち米、肉、魚、調味料等の飲食料品に係る支出	課 軽減
	(3) 社員である給食担当者の給与	不
	(4) 従業員に対する食券売上（課税売上げ） **注意点** なお、従業員に対して食券代の全部又は一部を補助する場合において、その補助する部分については、消費税の課税関係は生じない	課 消基通5-4-4
契約食堂	(1) 従業員に対する食券の無償支給 ① 食券の支給	不
	② 会社が契約食堂に支払う従業員の食事代金	課
	③ ②のうちテイクアウトの弁当に係る支出	課 軽減
	(2) 従業員に対する食券の割引販売 ① 従業員から収受する代金	課
	② 会社が契約食堂に支払う従業員の食事代 **注意点** 従業員から収受する食券代を預り金として処理している場合は、会社の負担部分の金額	課

項目	具体的事例	判定 参照法令
	③　②のうちテイクアウトの弁当に係る支出	課 軽減

保険料等

項目	具体的事例	判定 参照法令
生命保険料、損害保険料	⑴　事業者が加入している生命保険、損害保険の保険料 **注意点** 掛捨保険料、積立保険料のいずれも非課税となる	 消法別表第二一三 消令10③
	⑵　再保険料	非
	⑶　生命保険、損害保険の保険料が従業員の給与とされる場合	
生命共済掛金、火災共済掛金	⑴　法令等により組織されている団体が法令等の規定に基づき、その団体の構成員のために行う共済制度に基づいて構成員が負担する共済掛金	 消基通6-3-1（15）、6-3-3
	⑵　任意の互助組織による団体がその団体の構成員のために行う任意の共済制度に基づいて構成員が負担する共済掛金	 消基通6-3-1（15）、6-3-3
適格退職年金契約等の掛金、共済掛金及び保険料	適格退職年金契約等又は厚生年金保険契約の掛金、共済掛金及び保険料 ⑴　事務費部分	課 消基通6-3-1（4）
	⑵　上記⑴以外の部分	

項目	具体的事例	判定 参照法令
特定損失負担金、特定基金に対する負担金等	(1) 所得税法施行令第167条の2（特定の損失等に充てるための負担金の必要経費算入）に規定する負担金	 所令167-2 消基通6-3-3（注）
	(2) 法人税法施行令第136条（特定の損失等に充てるための負担金の損金算入）に規定する負担金	 法令136 消基通6-3-3（注）
	(3) 租税特別措置法第28条第1項各号（特定の基金に対する負担金等の必要経費算入の特例）に掲げる負担金又は掛金（利子を対価とする貸付金等に該当するものを除く）	 措法28① 消基通6-3-3（注）
	(4) 租税特別措置法第66条の11第1項各号（特定の基金に対する負担金等の損金算入の特例）に掲げる負担金又は掛金（利子を対価とする貸付金等に該当するものを除く）	 措法66-11① 消基通6-3-3（注）
輸入貨物に係る保険料	保税地域から引き取られる課税貨物に係る海上運送保険料 **注意点** 輸入貨物を保税地域から引き取るときは、保険料を含めた価格を課税標準として消費税を課税することとなっているので、引取りに係る消費税額の一部には、保険料に係る消費税額が含まれていて、その消費税額は仕入税額控除の対象となる	 消法28④

販売費及び一般管理費

項目	具体的事例	判定 参照法令
保証料		
信用保証料	(1) 信用の保証としての役務の提供	非 消法別表第二一三 消基通6-3-1（2）
	(2) 法人の代表者等が自己の不動産を法人の借入金の担保として提供する行為に対する支払	非
	(3) 組合が組合員の事業資金の借入について信用保証を行う場合に徴収する保証料	
	(4) 建設業者が保証会社に支払う「公共工事に係る前払保証事業に基づく保証料」	
物上保証料	物上保証料	 消法別表第二一三 消基通6-3-1（14）
会費、負担金等		
同業者団体等の会費	(1) 同業者団体、組合等の通常会費 **判例** 組合員に賦課した一般賦課金は資産の譲渡等に該当しないとされた事例 平10.11.27裁決	 消基通5-5-3、11-2-4

項目	具体的事例	判定 参照法令
	(2) 名目が会費等とされている場合であっても、それが実質的に出版物の購読料、映画・演劇等の入場料、職員研修の受講料又は施設の利用料等と認められるとき  組合員から徴収する賦課金が、役務の提供に対する対価であることが明らかであるため、資産の譲渡等に該当するとされた事例 徳島地判平16.6.11　平14（行ウ）27 平14.10.4裁決	 消基通5-5-3（注）2
同業者団体等の会報、機関紙等	(1) 会報等が会員のみに配布される場合 ① 無償で配布するとき	 消基通5-2-3
	② 購読料、特別会費等の名目で対価の授受があるとき	
	(2) 会員等には無償で配布し、会員等以外の者からは購読料を受領する場合 ① 会員等に配布するもの	 消基通5-2-3
	② 会員等以外に配布するもの	
	(3) 会員等に無償で配布するほか、書店等で販売する場合 ① 会員等に配布するもの	 消基通5-2-3（注）

項　目	具体的事例	判　定 参照法令
	②　書店等で販売するもの	
	(4)　全ての配布先から購読料等を受領する場合	
共同行事に係る負担金等	(1)　同業者団体等の構成員が共同して行う宣伝、販売促進、会議等に要した費用を賄うために、共同行事の主宰者が参加者から収受する負担金、賦課金等	
	①　共同行事の主宰者 共同行事のために要した費用の全額について、共同行事の参加者ごとの負担割合があらかじめ定められている場合において、共同行事の主宰者が収受した負担金、賦課金等について資産の譲渡等の対価とせず、その負担割合に応じて各参加者ごとにその共同行事を実施したものとして、その負担金、賦課金等につき仮勘定として経理したとき **注意点** 共同行事の主宰者が、その負担金、賦課金等から生じた剰余金を取得する場合にはこの処理は認められない	 消基通5-5-7
	②　共同行事の参加者 上記①の場合において、共同行事の参加者が支払った負担金、賦課金等により賄われた費用のうち課税仕入れに該当するもの	 消基通5-5-7（注）、11-2-7
	(2)　同業者団体等がその構成員に対して役務の提供を行い、その対価として負担金等を徴する場合	 消基通5-5-3

項目	具体的事例	判定 参照法令
記念行事のために徴収する特別分担金	組合が記念式典等の行事を行うためにその費用を参加者に負担させる場合 **注意点** 明白な対価関係があるとは認められないことから、課税対象外（不課税）となる	 消基通5-5-3
公共施設、共同施設に係る負担金、賦課金等	(1) 負担金、賦課金等とその事業の実施に伴う役務の提供との間に明白な対価関係があるかどうか判定が困難である場合において、国、地方公共団体又は同業者団体等が資産の譲渡等に該当しないものとし、かつ、その負担金等を支払う事業者がその支払いを課税仕入れに該当しないこととしているとき  **判　例** 横断地下道の便益は、負担金を支払った者のみが支払っていない者に比して有利な条件で利用できるものとなっていないので、課税仕入れに該当しないとした事例 平15.6.13裁決	 消基通5-5-6、11-2-6
	(2) 負担金等が専用側線利用権、電気ガス供給施設利用権、水道施設利用権、電気通信施設利用権等の権利の設定に係る対価と認められる場合	 消基通5-5-6（注）、11-2-6（注）
各種セミナー、講座の会費等	各種セミナー、講座等の会費 **注意点** 講義、講演等の役務の提供に対する対価であるため課税対象となる	
情報提供機関の会費等	情報提供を業務としている団体への入会金、会費等	
カタログ作成のための負担金	百貨店が自己名義で作成する中元商品等のカタログの作成費用を掲載商品のメーカー等が負担する場合の負担金	

項目	具体的事例	判定 参照法令
即売会参加分担金等	各種催し物の事業主体に対して支払う会費、協賛金、分担金等	 消基通5-5-7、11-2-7
共同販売促進費	契約に基づいてメーカー等が自己及び系列販売店のために展示会等を行い、これに要した費用の一部を系列販売店が負担することとしている共同販売促進費の分担金	 消基通5-5-7、11-2-7
共同研究分担金	共同研究を行う参加事業者が支出する研究費の分担金で、その分担金と研究成果の配分との間に明白な対価関係があるもの	
	信託報酬	
信託報酬	(1) 所得税法第2条第1項第11号（定義）に規定する合同運用信託、同項第15号に規定する公社債投資信託又は同項第15号の2に規定する公社債等運用投資信託に係る信託報酬に係る役務の提供	 消法別表第二一三 所法2①十一・十五・十五の二 消基通6-3-1
	(2) 上記消費税法別表第二3号に掲げる信託報酬以外の信託報酬 **注意点** 例：特定金銭信託、株式投資信託	
	(3) 指定金銭信託の中途解約手数料  中途解約により信託銀行が被った損害に対する賠償であり、資産の譲渡等と認められない	不

項目	具体的事例	判定 参照法令
報酬、料金等		
税理士報酬等	税理士、弁護士、公認会計士、司法書士等に支払う報酬（源泉徴収税額控除前の金額）	
宿泊費、交通費等の実費相当額	(1) 依頼者が税理士等の宿泊費、交通費等を直接ホテルや交通機関に支払っている場合 **注意点** 源泉徴収の対象となる報酬には含まれなくても課税仕入れとなる	
	(2) 依頼者が税理士等の宿泊費、交通費等を税理士等に支払っている場合 **注意点** 実費弁償相当額の宿泊費、交通費であっても税理士等の報酬に含まれ、課税仕入れとなる	
	(3) 外国から招へいする講師等に海外渡航費の実費相当額を支払った場合  **注意点** 直接講師に支払った海外渡航費の実費相当額は、講演料の一部と考えられるため課税仕入れとなる	
司法書士等に支払う印紙代等	(1) 立替金であることを明らかに区分している場合 **注意点** 司法書士等が、法令上、嘱託者が納付すべきこととされている税、手数料等の立替払いをし、その立替金を嘱託者から受領する場合において、相手方にこれらの税、手数料等の立替金であることを明らかに区分して請求し、受領しているときは、その税、手数料等の代金は、司法書士等の報酬に含まれないものとされ、課税対象外（不課税）となる	 消基通10-1-4（注）
	(2) 立替金であることを明らかに区分していない場合	 消基通10-1-4

項目	具体的事例	判定 参照法令
産業医の報酬	⑴　医療法人への委託に基づき医療法人から派遣された勤務医の場合 **注意点** 医療法人に支払う委託料は医療法人においてその他の医業収入となるものであるため課税仕入れとなる	
	⑵　産業医が開業医（個人）の場合 **注意点** 産業医の給与収入となるため課税対象外（不課税）となる	
原稿料、講演料、テレビ出演料等	⑴　支払いを受ける者が事業者である場合	
	⑵　支払いを受ける者が事業者でない場合 **注意点** 課税仕入れに該当するかどうかは、仕入先や役務の提供者が事業者に該当するかどうかを問わないため、相手先が事業者以外の者であっても課税仕入れとなる	 消基通11-1-3

会議費

項目	具体的事例	判定 参照法令
会議費	⑴　会場使用料	
	⑵　会議用茶菓子、弁当代等の飲食料品に係る支出	 
	⑶　缶ビール１本に係る支出 **注意点** 酒税法に規定する酒類は、軽減税率の適用対象である「飲食料品」から除かれる	

項目	具体的事例	判定 参照法令
株主総会費用	株主総会のための費用（会議費等）  注意点 その法人が課税事業と非課税事業を行っている場合には、株主総会の費用は課税資産の譲渡等とその他の資産の譲渡等に共通して要する課税仕入れとなる	 課

研修教育費

項目	具体的事例	判定 参照法令
講師謝金等	(1) 支払いを受ける者が事業者である場合	課
	(2) 支払いを受ける者が事業者でない場合 注意点 課税仕入れに該当するかどうかは、仕入先や役務の提供者が事業者に該当するかどうかを問わないため、相手先が事業者以外の者であっても課税仕入れとなる	課 消基通11-1-3
	(3) 内部講師に支払う謝金が給与となる場合	不
	(4) 外国から招へいする講師等に海外渡航費の実費相当額を支払った場合 注意点 直接講師に支払った海外渡航費の実費相当額は、講演料の一部と考えられるため課税仕入れとなる	課
教材費等	教材費、外部委託研修費等	課
通信教育費	(1) 会社が通信教育の申込みを行い、通信教育を行っている事業者に対して直接受講料を支払っている場合	課

項目	具体的事例	判定 参照法令
	⑵　会社が従業員に対して受講料相当額を現金で支給している場合	
	①　その通信教育の受講が会社の業務上の必要性に基づくものであり、かつ会社がその受講料の支払に係る領収証（その会社宛）を徴した場合のその領収証に係る金額 **注意点** 会社が支出した費用が通信教育の受講料としてのものであることは明らかであり、また実質的に会社が直接通信教育を行う事業者に支払う場合と同様であることから課税仕入れとされる	
	②　上記①以外の場合 **注意点** 従業員への給与の一部であるため課税対象外（不課税）となる	
大学で行う社員研修の授業料	⑴　大学、大学院等（学校教育法第1条に規定する学校）における研修	
	①　大学公開講座等の受講 **注意点** 大学等における正規の授業科目ではなく、一般社会人等を対象に一般教養の習得等を目的として開講されるものであり、消費税法別表第二11号に規定する教育に関する役務の提供とは認められないため課税仕入れとなる	
	②　大学等の授業の聴講 **注意点** 大学等における正規の授業科目について聴講生として授業を受け、その結果、一般には単位を取得することとなっているような大学等における聴講については、消費税法別表第二11号に規定する教育に関する役務の提供と認められるため非課税となる	非 消法別表第二一十一

項目	具体的事例	判定 参照法令
	⑵ 外国語学校、ビジネス学校等の各種学校（学校教育法第134条第１項に規定する学校）における研修	
	① 修学年限が１年以上で、その１年間の授業時間数が680時間以上であること等消費税法別表第二11号（消基通6-11-1(3)参照）に規定する各種学校における教育の役務提供として非課税とされる要件に該当する場合	非 消法別表第二十一 消基通6-11-1（3）
	② 上記①以外の場合	課
	⑶ 研究機関における研修	
	① 大学等に設置された研究機関における研修で、その研修が非課税とされている教育として行う役務の提供に該当する場合	非
	② 上記①以外の場合	課
入学金	学校教育法に規定する学校、専修学校、修業年限が１年以上などの一定の要件を満たす各種学校等の入学検定料、入学金	非 消法別表第二十一
従業員に支給する学資金	修学中の従業員や従業員の子弟のための奨学金 注意点 所得税が課されるかどうかにかかわらず、その費用の性質上給与に該当するため課税対象外（不課税）となる	不

項目	具体的事例	判定 参照法令
手数料		
委託販売手数料	委託者が受託者に支払う委託手数料 **注意点** 資産の譲渡等が委託販売の方法その他業務代行契約に基づいて行われるのであるかどうかの判定は、当該委託者等と受託者等との間の契約の内容、価格の決定経緯、当該資産の譲渡に係る代金の最終的な帰属者がだれであるか等を総合判断して行う	 消基通4-1-3
代理店手数料	代理店手数料（保険代理店手数料を含む） **注意点** 保険料を対価とする役務の提供は非課税とされているが、保険代理店が収受する代理店手数料、損害調査、鑑定等の役務の提供に係る手数料は、課税資産の譲渡等の対価に該当する	 消基通6-3-2
不動産の仲介手数料	(1)　土地又は土地の上に存する権利（例：借地権、以下「土地等」とする）の譲渡又は貸付けに係る仲介手数料 **注意点** 土地等の譲渡又は貸付けに係る対価は非課税とされているが、土地等の譲渡又は貸付けに係る仲介料を対価とする役務の提供は課税資産の譲渡等に該当する	 消基通6-1-6
	(2)　土地等の取得に係る仲介手数料 **注意点** 土地等の取得価額に算入されるが、課税仕入れとなる	
	(3)　建物の譲渡又は貸付けに係る仲介手数料	
	(4)　建物の取得に係る仲介手数料	
	(5)　仲介行為がないにもかかわらず手数料の名目で支払う金銭（交際費、寄附金、使途不明金）	

項　目	具体的事例	判　定 参照法令
事務委託手数料	親子会社間の事務委託手数料  **注意点** 親子会社間の取引についても課税対象となる	
割賦販売手数料、延払条件付譲渡等に係る利子、保証料	⑴　割賦販売法に規定する割賦販売、ローン提携販売、包括信用購入あっせん又は個別信用購入あっせんに係る手数料で契約においてその額が明示されているもの	 消令10③九 消基通6-3-1（11）
	⑵　割賦販売法の規定の適用を受けない場合において、2月以上の期間にわたり、かつ3回以上に分割して受領する賦払金のうち利子又は保証料相当額で契約において明示されているもの	 消令10③十 消基通6-3-1（12）
クレジット手数料	⑴　加盟店が信販会社へ支払うもの（債権譲渡の対価が安くなる部分）  **注意点** 信販会社が加盟店から譲り受ける債権の額と加盟店への支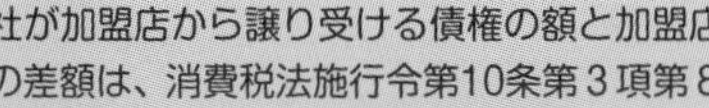払額との差額は、消費税法施行令第10条第３項第８号（金銭債権の譲受け）に該当し、非課税となる  **判　例** 通信販売業を営む会社が代金回収に際してカード会社に支払った手数料は消費税法上の非課税取引の対価であるとされた事例 最判平12.6.8　平11（行ツ）273　（上告棄却） 東京高判平11.8.31　平11（行コ）62 東京地判平11.1.29　平9（行ウ）175 平9.4.23裁決	 消令10③八
	⑵　消費者が信販会社へ支払うもの  **注意点** 消費者が信販会社に支払う手数料は、割賦購入あっせんに係る手数料又は賦払金のうち利子に相当する額であり、非課税となる	 消令10③九・十

項目	具体的事例	判定 参照法令
加盟店手数料	加盟店がクレジットカード発行会社に支払う加盟店手数料 **注意点** クレジットカード発行会社が加盟店から顧客の売掛債権を譲り受ける対価と認められるため非課税となる	非 消令10③八
クレジットカードの年会費	カード会社に支払う年会費 **注意点** カード会社の役務提供に係る対価であるため課税対象（保険料相当額が含まれていても全額が課税対象）となる	課
経営指導料、フランチャイズ手数料、ロイヤリティ等	経営指導料、フランチャイズ手数料、ロイヤリティ等（売上利益の何%というように定めているもの） **注意点** 経営指導料は販売・仕入れの手法等を指導するという役務に対する対価であり、また、フランチャイズ手数料及びロイヤリティは、グループの傘下店として、その名称を使用すること、広告の代行、経営指導等の役務提供の対価として支払われるものであるため、いずれも課税の対象となる	課
支払コミッション	国内における役務提供の対価として支払ったもの	課
金銭消費貸借契約締結に係る手数料	金銭の貸付時に収受する契約締結料及び事務手数料 **注意点** １件ごとに定められている契約締結料や貸付金額の数%相当額とされている事務手数料はいずれも役務の提供の対価であり、消費税法上、金銭の貸付けの対価としての「利子」に該当しないため、課税の対象とされる なお、金銭の貸付けの際に収受する各種手数料については、利息制限法上の「利息」とみなされるか否かにかかわらず、課税の対象とされる	課

項目	具体的事例	判定 参照法令
貸付予約手数料	貸付予約手数料 **注意点** 貸付予約手数料は銀行が得意先に対して将来の一定期間、一定金額の範囲内で、いつでも貸し出すことを約束する貸付予約権の原始的創設に対する対価と認められるため、課税対象外（不課税）となる	不
国内送金為替手数料等	国内送金為替手数料、貸金庫手数料、保護預り手数料等	課
外国送金為替手数料	外国送金為替手数料	非 消法別表第二－五二
外国為替業務	(1)　次に掲げる業務に係る役務の提供（その業務の周辺業務として行われる役務の提供を除く） ①　外国為替取引 ②　対外支払手段の発行 ③　対外支払手段の売買又は債権の売買（本邦通貨をもって支払われる債権の居住者間の売買を除く）	非 消法別表第二－五二 消基通6-5-3
	(2)　居住者による非居住者からの証券（外国為替及び外国貿易法第６条第１項第11号に規定する「証券」をいう）の取得又は居住者による非居住者に対する証券の譲渡に係る媒介、取次ぎ又は代理	課 消基通6-5-3
為替予約の延長手数料	為替予約の延長手数料 **注意点** 為替予約を実行しないで一定期間延長する場合に支払われる手数料は、通貨の売買対価の一部と認められるため、支払手段の譲渡対価として非課税とされる	非

項目	具体的事例	判定 参照法令
居住者外貨預金に係る手数料	(1) 取扱手数料  外国為替取引又は対外支払手段の売買に係る資金の付替手数料であるため、非課税とされる	非
	(2) 残高証明手数料、口座維持管理手数料  預金の入出金に係る周辺業務の手数料であり、外国為替業務に該当しないため課税となる	
非居住者円預金に係る手数料	(1) 取扱手数料  外国為替取引又は対外支払手段の売買に係る資金の付替手数料であるため、非課税とされる なお、非居住者に対する役務の提供の対価であることから、消費税法第31条第１項（非課税資産の輸出等を行った場合の仕入れに係る消費税額の控除の特例）の規定の適用がある	 消法31①
	(2) 残高証明手数料、口座維持管理手数料  預金の入出金に係る周辺業務に係る手数料であり、外国為替業務に該当しないため課税対象となるが、非居住者に対する役務の提供であるため輸出免税とされる	
スワップ取引	(1) スワップ手数料 注意点 スワップに係る対価の一部と認められるため、支払手段の譲渡として非課税とされる	
	(2) スワップ取引のあっせん手数料 注意点 外国為替業務に該当しないため、課税対象となるが居住者に対するものか、非居住者に対するものかによって、次の通りとなる	

項　目	具体的事例	判定 参照法令
	①　居住者に対するもの	課
	②　非居住者に対するもの	免
	(3)　スワップ取引の乗換え手数料 **注意点** 市場の金利レートや為替レートが著しく変動した場合に、顧客の要請により従前のスワップを顧客の有利になるスワップに変更することがあり、この場合に銀行が顧客から収受する手数料は、乗換え後のスワップ取引（支払手段の譲渡）の対価の一部と認められるため非課税となる	非
通貨オプション料	通貨オプション料 **注意点** 通貨オプションは、ある通貨を一定期間後に買う権利又は売る権利を原始的に創設して取引するものであるため、資産の譲渡等には該当せず、そのオプション料は課税対象外（不課税）となる	不
証券会社の貸株取扱手数料及び品貸料	(1)　貸株取扱手数料 **注意点** 実質的には信用供与の対価と認められるため、非課税となる	非 消法別表第二一三
	(2)　品貸料 **注意点** 有価証券（株券）の貸付けに該当するため、非課税となる	非 消令10③十一
有価証券の売買手数料	有価証券の売買手数料 **注意点** 売買の委託という役務提供の対価であるため、課税取引となる なお、個別対応方式により仕入控除額を計算する場合は、非課税売上げに対応する課税仕入れとなる	課

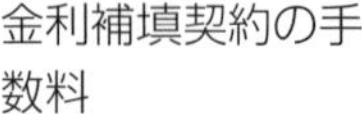

項目	具体的事例	判定 参照法令
金利補填契約の手数料	金利補填契約（将来生ずる可能性のある金利の上昇による損失を補填する無名契約の一種）に係る手数料 **注意点** 保険料に類するものとして、非課税とされる	非 消令10③十三
行政手数料	⑴　法令に基づく国、地方公共団体等の手数料等 **注意点** 公共施設の貸付けや利用の対価としての料金は課税対象となる	非 消法別表第二一五イ 消基通6-5-1
	⑵　法令に基づかない国、地方公共団体等の手数料等 **注意点** 例：経営事項審査料、家畜投薬手数料、家畜注射及び家畜薬浴の手数料など	 課 消基通6-5-2
公証人手数料等	裁判所の執行官又は公証人の手数料	 非 消法別表第二一五八

解約料

項目	具体的事例	判定 参照法令
解約手数料等	⑴　予約の取消し、変更等に伴って予約を受けていた事業者が収受するキャンセル料、解約損害金等 **注意点** 逸失利益等に対する損害賠償金であるため、資産の譲渡等には該当しない	 不 消基通5-5-2

項　目	具体的事例	判　定 参照法令
	(2)　解約手数料、取消手数料又は払戻手数料を対価とする役務の提供 **注意点** 資産の譲渡等に係る契約等の解約又は取消し等の請求に応じ、対価を得て行われる役務の提供は資産の譲渡等に該当する 例：約款、契約等において解約等の時期にかかわらず、一定額を手数料として授受することとしている場合の当該手数料は、解約等の請求に応じて行う役務の提供の対価に該当する	 消基通5-5-2
	(3)　解約手数料等と損害賠償金等を区分することなく一括して授受する場合 **注意点** その全体を資産の譲渡等の対価に該当しないものとして取り扱う	 消基通5-5-2
建物賃借のキャンセル料	(1)　建物の賃貸借契約の中途において解約した場合に支払うキャンセル料 **注意点** 賃貸料の逸失利益に対する補填であるため、課税対象外（不課税）となる	
	(2)　建物の明渡しの遅滞により、加害者から賃貸人が収受する損害賠償金 **注意点** その実質が、資産の譲渡等の対価に該当すると認められるため、課税の対象となる	 消基通5-2-5 住宅家賃 
航空運賃のキャンセル料	(1)　払戻しの時期にかかわらず一定額を徴収する部分 **注意点** 役務の提供に係る対価として課税の対象となる	

項目	具体的事例	判定 参照法令
	⑵ 搭乗日の前一定日以後に払い戻す場合において徴収する割増しの違約部分 **注意点** 損害賠償金であるため、課税対象外（不課税）となる	不
ゴルフ場のキャンセル料	キャンセル料として没収する予約金 **注意点** 解約に伴う手数料部分と逸失利益に対する損害賠償金部分とが含まれているものは、事業者がその全額について損害賠償金に該当するものとしているときは、全額が課税対象外（不課税）となる	不 消基通5-5-2
金融商品を解約した場合の手数料	⑴ 中期国債ファンドをクローズド期間内に証券会社に買い取ってもらうための買取手数料 **注意点** 買取事務の取扱手数料であるため課税の対象となる	
	⑵ 割引金融債を満期日前に解約した時の解約手数料 **注意点** 金融債の解約に伴い銀行等が受け取る支払利子の割戻しとして非課税となる	
	⑶ 合同運用（指定）金銭信託に係る中途解約手数料 **注意点** 中途解約により信託銀行が受けた損害に対する賠償であるため、課税対象外（不課税）となる	不
抵当証券のモーゲージ証書に係る解約手数料	抵当証券のモーゲージ証書に係る解約手数料 **注意点** 抵当証券業者がモーゲージ証書の購入者からの買戻日前の買戻しの申出に応じた場合に徴収する解約手数料は、逸失利益の補償としての性格を有するものであるため、課税対象外（不課税）となる	

項目	具体的事例	判定 参照法令
賃借料		
地代	(1) 賃貸借期間が１月以上	 消法別表第二一一
	(2) 賃貸借期間が１月未満 **注意点** 賃貸借期間が１月未満に該当するかどうかは、その賃貸借に係る契約において定められた貸付期間によって判定する 例：毎週日曜日のみ１年間貸付ける契約については、実質的には週１回の貸付け契約の集合体と考えられるため、貸付期間が１月未満の場合に該当し、賃貸料は課税対象となる	  消令8 消基通6-1-4
駐車場代、駐輪場代	(1) 駐車場その他の施設の利用に伴う土地の使用 **注意点** 砂利敷、アスファルト敷、コンクリート敷など駐車場は、駐車場施設の利用に伴う土地の使用に該当する	 消令8 消基通6-1-5
	(2) 駐車場、駐輪場としての用途に応じる地面の整備又はフェンス、区画、建物の設置等をしていない場合（駐車又は駐輪に係る車両又は自転車の管理をしている場合を除く） **注意点** 土地の貸付けとされるため、非課税となる	 消基通6-1-5（注）1
	(3) 一戸建住宅に係る駐車場、集合住宅に係る駐車場で車所有の有無にかかわらず1戸につき1台以上の駐車場が付属する場合で駐車場代が家賃に含まれているとき **注意点** 駐車場部分を含めた全体が住宅の貸付けとされるため、非課税となる	 消基通6-13-3

項目	具体的事例	判定 参照法令
家賃	(1) 住宅用（借上げ社宅の家賃を含む）	非 消法別表第二一十三
	(2) 住宅用以外	課
ビル等の共益費	(1) 事務所等の電気、ガス、水道料等の実費に相当するいわゆる共益費 **注意点** 建物等の資産の貸付けに係る対価に含まれるため、課税仕入れとなる	課 消基通10-1-14
	(2) 居住用の共同住宅における共用部分に係る費用を入居者が応分に負担するいわゆる共益費 **注意点** 住宅の家賃に含まれるため、非課税となる	非 消基通6-13-9
共同店舗の負担金	組合が共同店舗を建設し、その建設のための借入金の償還金として組合員から徴収する負担金（各店舗が独立して営業できるよう区画等が設けられ、その面積に応じて負担金が算定されている場合） **注意点** 負担金が専有面積に応じて算定されており、各店舗ごとの賃料と認められるため、課税の対象となる	課 消基通5-5-6
従業員等に支払う賃借料	従業員等に支払う機械、器具、備品、車両等の賃借料	課
オペレーティング・リース取引	オペレーティング・リース取引のリース料 **注意点** 原則としてリース料の支払期日において資産の貸付けの対価として、課税の対象となる	課 消基通9-1-20

項目	具体的事例	判定 参照法令
所有権移転ファイナンス・リース取引	所有権移転ファイナンス・リース取引に係るリース資産 **注意点** 原則としてリース資産の引渡しを受けた日に資産の譲受けがあったものとして、仕入税額控除の計算をする	 消基通5-1-9、11-3-2
所有権移転外ファイナンス・リース取引	(1) 所有権移転外ファイナンス・リース取引に係るリース資産 **注意点** 原則としてリース資産の引渡しを受けた日に資産の譲受けがあったものとして、仕入税額控除の計算をする	課 消基通5-1-9、11-3-2
	(2) 所有権移転外ファイナンス・リース取引について賃借人が賃貸借処理した場合 **注意点** そのリース料について支払うべき日の属する課税期間における課税仕入れ等とすることができる 注1）仕入税額控除の時期を変更することの可否 例えば、賃貸借処理しているリース期間が3年の移転外リース取引（リース料総額990,000円）について、リース期間の初年度にその課税期間に支払うべきリース料（330,000円）について仕入税額控除を行い、2年目にその課税期間に支払うべきリース料と残額の合計額（660,000円）について仕入税額控除を行うといった処理は認められない 注2）簡易課税から原則課税に移行した場合等の取扱い 次に掲げるような場合のリース期間の2年目以降の課税期間については、その課税期間に支払うべきリース料について仕入税額控除することができる ① リース期間の初年度において簡易課税制度を適用し、リース期間の2年目以降は原則課税に移行した場合 ② リース期間の初年度において免税事業者であった者が、リース期間の2年目以降は課税事業者となった場合	

項目	具体的事例	判定 参照法令
所有権移転外ファイナンス・リース取引を売買処理している場合の残存リース料の取扱い	⑴　賃借人の倒産、リース料の支払遅延等の契約違反があった場合の残存リース料の支払  **注意点** リース債務の返済にすぎない **注意点** 賃借人が賃貸人にリース物件を返還し、残存リース料の一部又は全部が減額された場合、賃借人はリース物件の返還をした時に資産の譲渡を行ったものとして取り扱われる	 減額された場合  消基通9-3-6の3
	⑵　リース物件が滅失・毀損し、修復不能となった場合の残存リース料の支払  **注意点** リース債務の返済にすぎない **注意点** リース物件が滅失・毀損し、修復不能となったことを起因として賃貸人に保険金が支払われることにより、残存リース料の一部又は全部が減額された場合、この減額した金額は仕入れに係る対価の返還等として取り扱われる	 減額された場合  課税仕入れの対価の返還
	⑶　リース物件の陳腐化のための借換えなどにより、賃貸人と賃借人との合意に基づき解約する場合の残存リース料の支払 **注意点** リース債務の返済にすぎない **注意点** 賃貸人と賃借人との合意に基づき、残存リース料の一部又は全部が減額された場合、この減額した金額は仕入れに係る対価の返還等として取り扱われる	 減額された場合 課 課税仕入れの対価の返還

項目	具体的事例	判定 参照法令
所有権移転外ファイナンス・リース取引を賃貸借処理している場合の残存リース料	(1) 賃借人に倒産、リース料の支払遅延等の契約違反があった場合の残存リース料の支払 **注意点** 賃借人が賃貸人にリース資産を返還することにより残存リース料の一部又は全部が減額された場合には、金銭等で支払うべき残存リース料を金銭等に代えてリース資産で弁済するという代物弁済に該当し、減額されるリース料を対価とする資産の譲渡があったものとして取り扱われる	 消基通9-3-6の3
	(2) リース物件が滅失・毀損し、修復不能となった場合の残存リース料の支払  **注意点** リース物件の滅失等を起因として賃貸人に保険金が支払われることにより残存リース料の一部又は全部が減額された場合には、リース料の値引きがあったものと認められるため、賃借人においては、仕入れに係る対価の返還として取り扱われる	
	(3) リース物件の陳腐化のための借換えなどにより、賃貸人と賃借人との合意に基づき解約する場合の残存リース料の支払  **注意点** リース資産の陳腐化のため、賃貸人と賃借人の合意に基づきリース資産を廃棄することにより残存リース料の一部又は全部が減額された場合には、リース料の値引きがあったものと認められるため、賃借人においては、仕入れに係る対価の返還として取り扱われる	
金銭の貸借とされるリース取引	セール・アンド・リースバック等 **注意点** 原則としてリース資産に係る譲渡代金の支払時に金銭の貸付けがあったものとされる	 消基通5-1-9
リース料のうち利子、保険料部分	リース料のうち、契約において、利子又は保険料の額として明示されている部分	 消基通6-3-1（17）

項目	具体的事例	判定 参照法令
償却費		
減価償却費	減価償却費の計上 **注意点** 課税資産については、資産の取得時に課税仕入れとなり、減価償却費を計上する時点では課税対象外（不課税）となる	
繰延資産償却費	繰延資産償却費の計上 **注意点** 課税資産については、資産の取得時に課税仕入れとなり、償却費を計上する時点では課税対象外（不課税）となる	
修繕費		
修繕費	事業用資産の修理、修繕のための費用 **注意点** 損害に係る保険金、補償金等をその修繕に充てた場合の修繕費についても課税仕入れとなる なお、受け入れた保険金、補償金については課税関係は生じない	 消基通11-2-8、5-2-4、5-2-5
建物等の原状回復費	原状回復費（敷金等から差し引かれるものを含む）	
租税公課		
法人税等	法人税、所得税、事業税、特別法人事業税、都道府県民税、市町村民税、事業所税、消費税、固定資産税、不動産取得税、印紙税、自動車税、自動車重量税、登録免許税、加算税、加算金、延滞税、延滞金、過怠税等	

項目	具体的事例	判定 参照法令
個別消費税	(1) ゴルフ場利用税、軽油取引税、入湯税	不 消基通10-1-11
	(2) 酒税、たばこ税、揮発油税、石油石炭税、石油ガス税等 **注意点** 課税資産の譲渡等の対価の額に含まれるため課税仕入れとなる	課 消基通10-1-11
未経過固定資産税	(1) 不動産売買契約における公租公課の分担金（未経過固定資産税）のうち建物に対応するもの	課 消基通10-1-6
	(2) 不動産売買契約における公租公課の分担金（未経過固定資産税）のうち土地に対応するもの **注意点** 不動産の譲渡対価の一部を構成するものとして課税の対象となるのであるが、その不動産の種類に応じて課税取引又は非課税取引とされる	非 消基通10-1-6
印紙の購入	(1) 日本郵便株式会社、印紙売りさばき所からの印紙の購入	非 消法別表第二一四イ
	(2) 上記以外の者（金券ショップ等）からの印紙の購入	課 消基通6-4-1
証紙の購入	(1) 地方公共団体、売りさばき人からの購入	非 消法別表第二一四ロ
	(2) 上記以外の者（金券ショップ等）からの証紙の購入	課

項目	具体的事例	判定 参照法令
罰金等	罰金、科料、過料、交通反則金	
研究開発費		
外部委託費	研究開発の外部委託費	課
人件費	社員である研究員の給与等	不
共同研究分担金	共同研究を行う参加事業者が支出する研究費の分担金で、その分担金と研究成果の配分との間に明白な対価関係があるもの	課
試作品の原材料費等	試作目的で購入した原材料費等	課
貸倒損失		
貸倒損失	(1) 課税資産の譲渡等に係る売掛金その他の債権について生じた貸倒損失 **注意点** その貸倒れに係る消費税額については、貸倒れの発生した課税期間の課税標準額に対する消費税額から控除する	課 消法39①
	(2) 課税事業者が、免税事業者であった課税期間において行った課税資産の譲渡等に係る売掛金等について生じた貸倒損失 **注意点** 税額控除の規定は適用されない	不 消基通14-2-4

項目	具体的事例	判定 参照法令
	(3) 課税事業者が、事業を廃止し、又は免税事業者となった後における、課税事業者であった課税期間の売掛金等について生じた貸倒損失  注意点 税額控除の規定は適用されない	 消基通14-2-5
	(4) 簡易課税制度を適用している場合 注意点 貸倒れとなった売掛金等に係る消費税額は、その課税期間の課税標準額に対する消費税額から簡易課税の規定による仕入控除税額を控除した後の金額から控除する	 消基通13-1-6

引当金繰入額

項目	具体的事例	判定 参照法令
引当金繰入額	貸倒引当金、製品保証引当金、返品調整引当金、賞与引当金、退職給付引当金、修繕引当金等の繰入れ	
準備金積立額	海外投資等損失準備金等の積立て	

使途不明金

項目	具体的事例	判定 参照法令
使途不明金、使途秘匿金	事業者が交際費、機密費等の名義をもって支出した金額でその費途が明らかでないもの 注意点 これらは、その費途が明らかでないため、課税仕入れである場合でも仕入税額控除の対象とならない	 消基通11-2-23

項目	具体的事例	判定 参照法令
雑費		
地方自治体が発行する有料ごみ処理券	有料ごみ処理券の購入 (1) 原則 注意点 課税仕入れの時期は実際に廃棄物の収集があったときであるため購入時点では原則として不課税となる	不
	(2) 継続して購入時に課税仕入れとして処理した場合	課
社葬費用	(1) 社葬の会場使用料、新聞広告料、案内状の印刷代、花輪代、会社御礼品等	
	(2) 僧侶に支払う読経料、お布施、戒名料等  喜捨金とみなされるため課税対象外（不課税）となる	不
玉串料、初穂料	玉串料、初穂料	
印鑑証明書等	印鑑証明書等の発行手数料 注意点 法令に基づく国、地方公共団体等の手数料等は非課税となる	 消法別表第二一五イ 消基通6-5-1

営業外収益

項目	具体的事例	判定 参照法令
受取利息割引料		
預貯金・公社債等の利子	(1) 国債、地方債、社債、新株予約権付社債、投資法人債券、貸付金、預金、貯金、国際通貨基金協定に規定する特別引出権の利子	非 消基通6-3-1（1）
	(2) 譲渡性預金の利子	非
公社債等の経過利子	公社債又は譲渡性預金を利払日又は満期日前に購入した場合において元本と区分して支払った経過利子相当額 **注意点** 経過利子相当額を有価証券の取得価格に算入したときは購入後最初に支払いを受ける利子の全額が非課税となる ただし、経過利子相当額を取得価格に算入せず、最初に受ける利子と相殺するため仮払い経理をしたときは購入後最初に支払いを受ける利子と相殺し、その相殺後の金額が非課税となる	非
定期積金の給付補填金等	相互掛金又は定期積金の給付補填金及び無尽契約の掛金差益	非 消基通6-3-1（6）
抵当証券の利息	抵当証券の利息 **注意点** これに類する外国の証券の利息を含む	非 消基通6-3-1（7）

項　目	具体的事例	判定 参照法令
割引債の償還差益	割引債の償還差益 **注意点** 利付債の償還差益を含む	非 消基通6-3-1（8）
手形割引料	取引先から受け取った手形割引料	非 消基通6-3-1（9）
金銭債権の買取差益等	金銭債権、譲渡性預金（CD）、コマーシャルペーパー（CP）の買取り又は立替払いに係る差益	非 消基通6-3-1（10）
償還差益	アキュムレーションによる各事業年度の所得の金額の計算上、益金の額に算入する場合の償還差益 **注意点** 公社債や特定の約束手形を償還（額面）金額と比べて低い価額で取得すると、償還時に額面と取得価額の差額相当分の償還差益が発生する その償還差益を償還時に一度に計上しないで、所有期間に応じて毎期均等に増額することをアキュムレーションという	非 消令10③六 消基通6-3-2の2
外貨建公社債に係る償還差益	⑴　原則	非
	⑵　特例として償還時において償還差益と為替差損益を継続的に区分経理している場合の為替差損益	不
売掛債権に係る金利	売上代金の回収が手形で行われる場合において利息に相当する金額を対価と明確に区分して決済することとしているときの利息相当額	非
前渡金等の利子	前渡金等に係る利子のようにその経済的実質が貸付金であるものに係る利子	非 消基通6-3-5

項目	具体的事例	判定 参照法令
返済遅延に伴う遅延損害金	金銭債務の返済遅延に伴う遅延損害金 **注意点** 遅延期間に応じて一定の比率に基づき算定されるものであるから利息に相当する	非
金利スワップ取引により授受される利子相当額	金利スワップ取引により授受される利子相当額	不
本支店間の利子	内部取引に該当	不
国外取引に係る延払金利	延払条件付請負に係る工事の施主が非居住者である場合における利子相当額 **注意点** 輸出取引に係る対価の額に該当	免 消法31
非課税資産の輸出等	(1) 非居住者に対する貸付金の利子	免
	(2) 非居住者が発行する公社債等の利子 **注意点** 国内市場において発行したもの及び国内に支店を通じて支払われるものを含む	免
	(3) 債務者が非居住者である国際通貨基金協定第15条の特別引出権に係る利子	免
	(4) 非居住者に対する預金の利子	免
	(5) 非居住者が発行した合同運用信託、投資信託、法人課税信託の分配金（利子）	免
	(6) 非居住者が発行した抵当証券の利子	免

項目	具体的事例	判定 参照法令
	⑺　非居住者が発行する公社債等の償還差益（利子）	免
	⑻　非居住者が発行する手形（ＣＰを除く）の割引料（利子）	免
	⑼　非居住者からの金銭債権（ＣＰを含む）の譲受等に係る割引料（利子）	免
	⑽　非居住者に対する金融商品取引法に規定する有価証券、登録国債の貸付料（利子）（ただし、ゴルフ場株式を除く） **注意点** 非課税資産の譲渡等のうち、金銭の貸付けや公社債等の取得で債務者が非居住者であるものは輸出取引とみなされる	免 消法31
キャッシング手数料	カード･キャッシング取引における融資手数料 **注意点** 利息に該当するため	非
キャッシングの共同利用に伴う業者間手数料	⑴　相互利用が可能なキャッシング･サービスにおいて、カード会社がCD設置事業者に支払う手数料のうちキャッシング利用金額に応じて変動するもの **注意点** 利子相当額とみなすため	非
	⑵　相互利用が可能なキャッシング･サービスにおいて、カード会社がCD設置事業者に支払う手数料のうち１件当たりの金額が固定のもの **注意点** 事務手数料とみなすため	課

項目	具体的事例	判定 参照法令
ファクタリング料	金銭債権の譲受けに係るファクタリング料  注意点 信用の供与に対する対価と考えられるため	 非

受取配当金等

項目	具体的事例	判定 参照法令
株式･出資の配当金	利益の配当等  注意点 株主又は出資者たる地位に基づき、出資に対する配当又は分配として受け取るものであるから資産の譲渡等に係る対価に該当しない	 不 消基通5-2-8
集団投資信託等の収益分配金	集団投資信託、法人課税信託、退職年金信託、特定公益信託等に係る収益の分配金  注意点 ・集団投資信託の例…合同運用信託、証券投資信託、国内公募投資信託、特定受益証券発行信託等 ・法人課税信託の例…受益証券発行信託、受益者等が存しない信託、法人が委託者となる一定の信託、国内公募投資信託以外の投資信託、特定目的信託等 ・退職年金信託の例…厚生年金基金信託、確定給付企業年金信託、確定拠出年金信託、国民年金基金信託等 ・特定公益信託の例…特定公益信託、加入者保護信託等 証券投資信託のうち株式投資信託の収益の分配金は法人税法上その２分の１又は４分の１相当額を利益の配当等とみなしているが、消費税法上はすべて利子として非課税となる	 非 消基通6-3-1（5）
オープン型証券投資信託の特別分配金	オープン型証券投資信託の特別分配金  注意点 オープン（追加）型証券投資信託の特別分配金は元本の一部払い戻しであり、平成12年に非課税から課税対象外に変更された	 不

営業外収益

項目	具体的事例	判定 参照法令
事業分量配当金	受け取った課税資産に係る事業分量配当金 **注意点** 事業者が協同組合等から行った課税仕入れに係る事業分量配当金は、仕入れに係る対価の返還等を受けたものとされる	 消基通5-2-8（注）
契約者配当金	(1)　原則	
	(2)　例外 非課税仕入れの対価の返還として処理している保険契約に基づく契約者配当金	
匿名組合からの損益分配	匿名組合契約に基づく損益分配金 **注意点** 匿名組合契約の事業に属する資産の譲渡又は課税仕入れ等については、営業者が単独で行ったことになる。よって、消費税の課税については、営業者の段階で計算される	 消基通1-3-2

受取地代家賃

項目	具体的事例	判定 参照法令
地代	(1)　原則的な土地の貸付け	非
	(2)　地上権、土地の賃借権(借地権)、地役権、永小作権等の貸付け	非 消基通6-1-2
	(3)　土地の賃貸借の形態により、認可を受けて行われる土石、砂利等の対価	課 消基通6-1-2
	(4)　借地権に係る更新料、名義書換料	非 消基通6-1-3

項目	具体的事例	判定 参照法令
	⑸ 貸付期間が1月未満の土地の貸付け  注意点 土地の貸付期間が1月に満たないかどうかについては契約によって定められた貸付期間によって判定される	 消令8 消基通6-1-4
	⑹ 建物、野球場、プール、テニスコート等の施設利用時に併せて土地の使用を行う場合の貸付け	 消基通6-1-5
	⑺ 事業者が駐車場又は駐輪場として土地を利用させた場合において、地面の整備又はフェンス、区画、建物の設置等をしていないときの貸付け	 消基通6-1-5（注）
	⑻ ⑺のときに駐車又は駐車に係る車両又は自転車の管理をしている場合の貸付け	 消基通6-1-5（注）
	⑼ ⑺のときに地面の整備又はフェンス、区画、建物の設置等をしているときの貸付け	
	⑽ 建物の貸付け等に伴う土地の貸付け 注意点 建物の貸付け等の対価と土地の貸付け等の対価を区分しているときであってもその対価の合計額が当該建物等の貸付け等の対価となる	 消基通6-1-5（注）
家賃	⑴ 原則的な居住用家屋の貸付け 注意点 契約において人の居住の用に供することが明らかな場合に限る	 消法別表第二一十三
	⑵ 貸付期間が1月未満の居住用家屋の貸付け	 消令16の2

営業外収益

項　目	具体的事例	判定 参照法令
	(3)　事務所用･店舗用の家屋の貸付け	
	(4)　居住用家屋が旅館業に係る施設の貸付けに該当するもの **注意点** 旅館業にはホテル営業、旅館営業、簡易宿泊所営業及び下宿営業が該当する	 消令16の2
	(5)　居住者専用のプール、アスレチック施設等を備えた住宅の貸付け	 消基通6-13-2
	(6)　(5)のプール、アスレチック施設等を居住者以外の者も利用でき、かつ、当該居住者以外の者が利用する場合に利用料を徴収している場合の当該施設等の貸付け	 消基通6-13-2
	(7)　駐車場付住宅の貸付け **注意点** 一戸建住宅に係る駐車場のほか、集合住宅に係る駐車場で入居者について一戸当たり１台分以上の駐車スペースが確保され、かつ、自動車の保有の有無にかかわらず割り当てられる等の場合で、住宅の貸付けの対価とは別に駐車場使用料等を収受していない場合に限られる	 消基通6-13-3
	(8)　店舗等併用住宅の住宅部分	
	(9)　店舗等併用住宅の店舗･事務所等の部分 **注意点** 上記(8)、(9)の場合に一括して貸し付けているときはその家屋全体の貸付けに係る対価を居住用部分と事業用部分とに合理的に区分する	 消基通6-13-5
	(10)　社宅の家賃	

項目	具体的事例	判定 参照法令
	⑾ 住宅の貸付けと役務提供が混合している場合の住宅の貸付け	 消基通6-13-6
	⑿ 住宅の貸付けと役務提供が混合している場合の役務提供 **注意点** 上記⑾、⑿の場合一の契約で非課税となる住宅の貸付けと課税となる役務の提供を約している場合にはそれぞれの対価につき、合理的に区分するものとする。この契約に該当するものとしては、有料老人ホーム、ケア付住宅、食事付の貸間、食事付の寄宿舎等がある	 消基通6-13-6
	⒀ 賃借人が住宅用として転貸する場合の建物の貸付け **注意点** 当該賃貸借契約において明らかな場合に限る	 消基通6-13-7
	⒁ 住宅として貸し付けていた建物を契約変更によって住宅以外の用途に変更した後の貸付け **注意点** 契約変更を行わずに賃借人が事業の用に供した場合は非課税	 消基通6-13-8
	⒂ 住宅用家屋の貸付けに係る共益費収入 **注意点** 建物等の資産の貸付けに際し賃貸人がその賃借人から収受する電気、ガス、水道料等の実費に相当するいわゆる共益費は、建物等の資産の貸付けに係る対価に含まれるので、その貸付けの主体によって判定する	 消基通10-1-14
	⒃ 事務所用家屋の貸付けに係る共益費収入 **注意点** 建物等の資産の貸付けに際し賃貸人がその賃借人から収受する電気、ガス、水道料等の実費に相当するいわゆる共益費は、建物等の資産の貸付けに係る対価に含まれるので、その貸付けの主体によって判定する	 消基通10-1-14

項目	具体的事例	判定 参照法令
家賃の遅延により支払いを受ける遅延金	家賃の支払いが遅れた賃借人から徴収する遅延金 注意点 遅延期間に応じて一定の比率に基づき算定されるものは損害賠償金として不課税とされるのではなく、利子として非課税	
建物の無償貸付	無償による事務所、店舗、住宅の貸付け  注意点 消費税法上、資産の無償貸付は資産の譲渡等に該当しない	

仕入割引

項目	具体的事例	判定 参照法令
仕入割引	課税仕入れに係る対価を支払期日よりも先に支払ったこと等に基因として支払いを受ける仕入割引 注意点 仕入れに係る対価の返還等に該当する	 消基通6-3-4、12-1-4

為替差益

項目	具体的事例	判定 参照法令
為替差益	外貨建債権債務に係る為替換算差益又は為替決済差益 注意点 外貨建て取引に係る資産の譲渡等の対価の額は所得税又は法人税の課税所得金額の計算において円換算して計上すべき金額とする 外貨建て取引に係る課税仕入れの支払対価の額は課税仕入時の支払対価の額となる	 消基通10-1-7、11-4-4

有価証券売却益

項目	具体的事例	判定 参照法令
有価証券売却益	株式や社債等金融商品取引法２条１項に規定する有価証券（ゴルフ場利用株式等を除く）の売却益 **注意点** 非課税となるのは売却益ではなく、有価証券の譲渡対価そのものである。なお、課税売上割合の計算の分母に含める金額は次の有価証券等のうち㉓を除き、譲渡対価の５％となる ただし、金銭債権のうち資産の譲渡等を行った者がその資産の譲渡等の対価として取得したものの譲渡に係るものは資産の譲渡に含まない（課税売上割合の計算の分母に含まない）	 消法別表第二一二 消令48②二、⑤ 消基通6-2-1
	 ⑴　国債証券の売却益	
	⑵　地方債証券の売却益	
	⑶　農林中央金庫の発行する農林債券その他の特別の法律により法人の発行する債券（次の有価証券等の⑷及び⑾を除く）の売却益	
	⑷　資産の流動化に関する法律（以下「資産流動化法」という）に規定する特定社債券の売却益	
	⑸　社債券（相互会社の社債券を含む）の売却益	
	⑹　日本銀行その他の特別の法律により設立された法人の発行する出資証券（次の有価証券等の⑺、⑻及び⑾を除く）の売却益	
	⑺　協同組織金融機関の優先出資に関する法律（以下「優先出資法」という）に規定する優先出資証券の売却益	

項目	具体的事例	判定 参照法令
	(8) 資産流動化法に規定する優先出資証券又は新優先出資引受権を表示する証券の売却益	非
	(9) 株券又は新株予約権証券の売却益	非
	(10) 投資信託及び投資法人に関する法律（以下「投資信託法」という）に規定する投資信託又は外国投資信託の受益証券の売却益	非
	(11) 投資信託法に規定する投資証券、新投資口予約権証券若しくは投資法人債券又は外国投資証券の売却益	非
	(12) 貸付信託の受益証券の売却益	非
	(13) 資産流動化法に規定する特定目的信託の受益証券の売却益	非
	(14) 信託法に規定する受益証券発行信託の受益証券の売却益	非
	(15) コマーシャルペーパー（金融商品取引法第２条に規定する定義に関する内閣府令第２条に規定するコマーシャルペーパー（以下「CP」という））の売却益	非
	(16) 抵当証券法に規定する抵当証券の売却益	非
	(17) 外国債、海外CPなど外国又は外国の者の発行する証券又は証書で(1)から(9)まで又は(12)から(16)までの性質を有するものの売却益	非

項目	具体的事例	判定 参照法令
	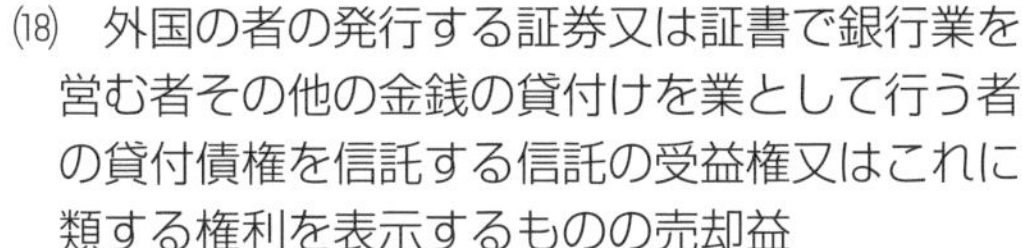 ⒅ 外国の者の発行する証券又は証書で銀行業を営む者その他の金銭の貸付けを業として行う者の貸付債権を信託する信託の受益権又はこれに類する権利を表示するものの売却益	
	⒆ オプションを表示する証券又は証書の売却益	
	⒇ 預託証券の売却益	
	㉑ 譲渡性預金（払戻しについて期限の定めがある預金で、指名債権でないもの）の預金証書のうち外国法人が発行するものの売却益	
	㉒ ⑴から⒂まで及び⒄（⒃に掲げる有価証券の性質を有するものを除く）に掲げる有価証券に表示されるべき権利で有価証券が発行されていないものの売却益	
	㉓ 合名会社、合資会社又は合同会社の社員の持分、協同組合等の組合員又は会員の持分その他法人（人格のない社団等、匿名組合及び民法上の組合を含む）の出資者の持分の売却益	
	㉔ 株主又は投資主（投資信託法第２条第16項に規定する投資主をいう）となる権利、優先出資者（優先出資法第13条の優先出資者をいう）となる権利、特定社員（資産流動化法第２条第５項に規定する特定社員をいう）又は優先出資社員（同法第26条に規定する優先出資社員をいう）となる権利その他法人の出資者となる権利の売却益	
	㉕ 貸付金、預金、売掛金その他の金銭債権の売却益	

項目	具体的事例	判定 参照法令
ゴルフ会員権の売却益	株式、出資又は預託の形態によるゴルフ会員権等の売却益 **注意点** これらのゴルフ会員権等は非課税とされる有価証券等の範囲から除かれている 課税対象となるのは売却益の額ではなく、ゴルフ会員権等の譲渡対価の額となる	 消法別表第二一二 消令9② 消基通6-2-2
船荷証券等の売却益	国内における船荷証券、倉荷証券の売却益 **注意点** これらの証券は非課税とされる有価証券等の範囲から除かれている 課税対象となるのは売却益の額ではなく、これらの証券の譲渡対価の額となる	 消法別表第二一二 消基通6-2-2
償却債権取立益		
償却債権取立益	過年度において償却した課税資産にかかる売掛金につき回収した場合の取立益 **注意点** この債権は課税資産の譲渡等を行った場合における売掛金その他の債権に限られ、この取立益に係る消費税額を回収した日の属する課税期間の課税標準額に対する消費税額に加算する	 消法39③
引当金戻入		
引当金の戻入等	貸倒引当金、退職給付引当金、賞与引当金等の戻入	

項目	具体的事例	判定 参照法令
雑収入		
販売奨励金	(1) 販売促進の目的で取引先から支払いを受ける課税資産に係る販売奨励金	課 消基通12-1-2
	(2) (1)のうち酒類・外食を除く飲食料品と週2回以上発行される定期購読契約に基づく新聞に係るもの **注意点** 仕入れに係る対価の返還等に該当する 軽減税率対象のものは軽減税率が適用される	課 軽減
集金手数料	生命保険料を給与から天引きする場合の生命保険会社から支払われる引去手数料 **注意点** 生命保険料の受入れについては課税関係は生じない	課
不用品の売却代	リサイクル業者への不要の事務机等の売却	課
自動販売機の設置手数料	本社玄関横に設置させた自動販売機の設置手数料	課
福利厚生施設の利用	社員食堂、福利厚生施設等を対価を得て利用させる食事の提供、宿泊サービス等	課 消基通5-4-4
経営指導料等	子会社から支払われる経営指導料、フランチャイズ手数料、ロイヤリティ	課
キックバック	(1) 旅行業者が受け取る国内運送に関するキックバック	課
	(2) 旅行業者が受け取る国際運送に関するキックバック	免

営業外収益

項目	具体的事例	判定 参照法令
容器保証金等	(1) びん、缶等の容器込みで資産を譲渡する場合に空の容器を返却するときは、返還することとされている保証金等	不 消基通5-2-6
	(2) びん、缶等の容器を返却しない時は保証金を返還しない場合、当事者間で譲渡の対価としているとき	課 消基通5-2-6
	(3) びん、缶等の容器を返却しない時は保証金を返還しない場合、当事者間で損害賠償金としているとき	不 消基通5-2-6
現金過剰額	現金残高とレジスターの差額	不
ガスボンベの長期停滞料等	(1) 長期停滞料（一定期間に返還されないときに収受するもの）	課
	(2) 預り保証金（臨時又は短期のユーザーにガスを販売するときに収受するもの）	不
	(3) ガスボンベを返還しないことによる預り保証金の没収	課
	(4) ガスボンベを破損したことによる預り保証金の没収	不
受贈益	(1) 図書券の受贈	不
	(2) 寄附金、祝金、見舞金の受領 **注意点** これらのうち実質的に資産の譲渡等と認められる場合は課税	不 消基通5-2-14
税金の還付金	(1) 中間法人税等の還付金	不

項目	具体的事例	判定 参照法令
	(2) 税込経理方式を採用していた場合の消費税の還付金	不
	(3) 還付加算金 **注意点** 納付・徴収された税金に納め過ぎなどがあったことにより、税務署長等が還付金等を還付する場合に、所定の期間の日数に応じ、その金額に一定の割合を乗じて計算した金額を還付金等に加算するものであり、利息計算と同様の方法により計算されるものであるが、課税対象外（不課税）とされる	不
	(4) 法人住民税の還付金	不
	(5) 法人事業税の還付金	不
祝金の受け取り	30周年記念行事の際の祝い金の受け取り	不
見舞金の受け取り	工場火災発生による見舞金の受け取り	不
受取保険金	(1) 保険事故に基づき支払われる保険金、年金、共済金、満期返戻金	不 消基通5-2-4
	(2) 保険期間満期による満期保険金の受け取り	不
	(3) 保険の中途解約に基づく保険金の受け取り	不
補助金等の受領	(1) 国庫補助金等の受け取り	不
	(2) エコカー補助金の受け取り	不

項目	具体的事例	判定 参照法令
	(3) 教育訓練給付金の受け取り	不
利子補給金	地方公共団体から受ける利子補給金	不
賄い代	従業員寮で入居者より徴収する賄い代	課
消費税計算差額	消費税計算差額（消費税の端数処理分）	不

営業外費用

項目	具体的事例	判定 参照法令
支払利息割引料		
支払利息割引料	(1) 支払利息割引料	非 消法別表第二一三
	(2) 利息制限法第3条（みなし利息）の規定により、利息とみなされている事務手数料 **注意点** 利息制限法第３条の規定により利息とみなされたものであっても、元本、利率、期間の３要素により計算されたもの以外のものは課税	課
	(3) キャップローン契約におけるキャップ料 **注意点** 実質は金利オプションの対価（不課税）と考えられるが、実務上は利子の一部（非課税）と解されている	非
手形割引料	銀行に支払った手形割引料	非 消基通6-3-1（9）
買掛債務に係る金利	仕入代金の回収が手形で行われる場合において利息に相当する金額を対価と明確に区分して決済することとしているときの利息相当額	非
前受金等の利子	前受金等に係る利子のようにその経済的実質が借入金であるものに係る利子	非 消基通6-3-5

項目	具体的事例	判定 参照法令
返済遅延に伴う遅延損害金	金銭債務の返済遅延に伴う遅延損害金 注意点 遅延期間に応じて一定の比率に基づき算定されるものであるから利息に相当する	非
金利スワップ取引により授受される利子相当額	金利スワップ取引により授受される利子相当額	不
本支店間の利子	内部取引に該当	不
キャッシング手数料	カード･キャッシング取引における融資手数料 注意点 金利に該当するため	非
キャッシングの共同利用に伴う業者間手数料	(1)　相互利用が可能なキャッシング･サービスにおいて、カード会社がCD設置事業者に支払う手数料のうちキャッシング利用金額に応じて変動するもの 注意点 利子相当額とみなすため	非
	(2)　相互利用が可能なキャッシング･サービスにおいて、カード会社がCD設置事業者に支払う手数料のうち1件当たりの金額が固定のもの 注意点 事務手数料とみなすため	課
ファクタリング料	金銭債権の譲受けに係るファクタリング料 注意点 信用の供与に対する対価と考えられるため	非

項目	具体的事例	判定 参照法令
信用保証料	保証人に対する信用保証料  注意点 物上保証をしてもらう場合の物上保証料も非課税となる	

売上割引

項目	具体的事例	判定 参照法令
売上割引	(1)　課税売上に係る対価を受取期日よりも先に受け取ったこと等に基因として支払う売上割引	 消基通6-3-4
	(2)　(1)のうち酒類・外食を除く飲食料品と週2回以上発行される定期購読契約に基づく新聞に係るもの 注意点 軽減税率対象のものは軽減税率が適用される	 

為替差損

項目	具体的事例	判定 参照法令
為替差損	外貨建債権債務に係る為替換算差損又は為替決済差損 注意点 外貨建て取引に係る資産の譲渡等の対価の額は所得税又は法人税の課税所得金額の計算において円換算して計上すべき金額とする 外貨建て取引に係る課税仕入れの支払対価の額は課税仕入れ時の支払対価の額となる	 消基通10-1-7、11-4-4

項目	具体的事例	判定 参照法令
有価証券売却損		
有価証券売却損	株式や社債等金融商品取引法2条1項に規定する有価証券（ゴルフ場利用株式等を除く）の売却損 **注意点** 非課税となるのは売却損ではなく、有価証券の譲渡対価そのものである。課税売上割合の分母に含める金額及び有価証券等の範囲については「有価証券売却益」の項を参照	 消法別表第二一二 消令48⑤
ゴルフ会員権の売却損	株式、出資又は預託の形態によるゴルフ会員権等の売却損 **注意点** これらのゴルフ会員権等は非課税とされる有価証券等の範囲から除かれている 課税対象となるのは売却損の額ではなく、ゴルフ会員権等の譲渡対価の額	 消法別表第二一二 消令9② 消基通6-2-2
船荷証券等の売却損	船荷証券、倉荷証券の売却損 **注意点** これらの証券は非課税とされる有価証券等の範囲から除かれている 課税対象となるのは売却損の額ではなく、これらの証券の譲渡対価の額	 消法別表第二一二 消基通6-2-2
償還差損		
償還差損	アモチゼーションによる各事業年度の所得の金額の計算上、損金の額に算入する場合の償還差損 **注意点** 公社債や特定の約束手形を償還（額面）金額と比べて高い価額で取得すると、償還時に額面と取得価額の差額相当分の償還差損が発生する その償還差損を償還時に一度に計上しないで、所有期間に応じて毎期均等に減額することをアモチゼーションという	 消令10③六 消基通6-3-2の2

項目	具体的事例	判定 参照法令
評価損		
有価証券評価損	期末における有価証券評価損	不
棚卸資産評価損	期末における棚卸資産評価損	不
負担金		
受益者負担金	(1) 専用側線利用権、電気ガス供給施設利用権、水道施設利用権、電気通信施設利用権等の権利の設定に係る負担金	課 消基通5-5-6（注）
	(2) 具体的な使用権等の取得を意味しない負担金	不 消基通5-5-6（注）
雑損失		
現金不足額	現金残高とレジスターの差額	不
飲食料品の廃棄損失	(1) 飲食料品の廃棄分	不
	(2) 上記廃棄手数料 **注意点** 飲食料品の廃棄そのものは不課税であるが、廃棄のための手数料は通常の課税取引	課
消費税計算差額	消費税計算差額（消費税の端数処理分）	不

特別損益

項目	具体的事例	判定 参照法令
固定資産売却益		
土地売却益	(1) 土地の売却益 **注意点** 課税売上割合の計算上、分母の金額に加算するのは売却益ではなく、譲渡対価になる	非
	(2) 土地に係る未経過固定資産税等の精算金	非
建物等売却益	(1) 建物等の売却益 **注意点** 課税標準は売却益ではなく、建物の譲渡対価になる	課
	(2) 建物に係る未経過固定資産税等の精算金	課
車両売却益	車両の売却益 **注意点** 課税標準は売却益ではなく、車両の譲渡対価になる 新規車両購入時の下取り車両について車両売却益が計算されるのであるが、この場合の課税標準は下取り価格そのものである	課
機械装置売却益	機械装置の売却益 **注意点** 課税標準は売却益ではなく、機械装置の譲渡対価になる	課

項目	具体的事例	判定 参照法令
補助金等		
補助金、奨励金、助成金等	国又は地方公共団体等から受ける補助金、奨励金、助成金等 **注意点** 雇用調整助成金、職業転換給付金、身体障害者等能力開発助成金等その給付原因となる経費の支出が前提としてあってもこれらの助成金等は資産の譲渡等の対価に該当しない	 消基通5-2-15
受取補償金等		
補償金	(1) 土地、借地権、地上権、永小作権、地役権に対する対価補償金	 消法別表第二一
	(2) 建物、流木、鉱業権、土石採取権、温泉利用権等に対する対価補償金	 消令2②
	(3) 収益補償金	 消基通5-2-10
	(4) 経費補償金	 消基通5-2-10
	(5) 移転補償金	 消基通5-2-10
	(6) 公有水面埋立法の規定に基づく公有水面の埋立てによる漁業権又は入漁権の消滅若しくはこれらの価値の減少に伴う補償金	 消基通5-2-10（注）
	(7) 租税特別措置法により対価補償金として取り扱われる移転補償金・経費補償金	

特別損益

項目	具体的事例	判定 参照法令
	(8) 他人の農地で砕石を行う場合の砕石権の対価及び砕石料（賃借料）に該当する休作補償金又は毛上補償金	
	(9) (8)に該当しない休作補償金等（合理的に区分されたもの）	
	立 退 料	
立退料	(1) 建物等の賃借人が賃貸借の目的とされている建物等の契約の解除に伴い賃貸人から収受する立退料	 消基通5-2-7
	(2) 建物等の賃借人たる地位を賃貸人以外の第三者に譲渡し、その対価として収受した立退料等	 消基通5-2-7 （注）
	損害賠償金	
損害賠償金	(1) 心身又は資産につき加えられた損害の発生に伴う損害賠償金	 消基通5-2-5
	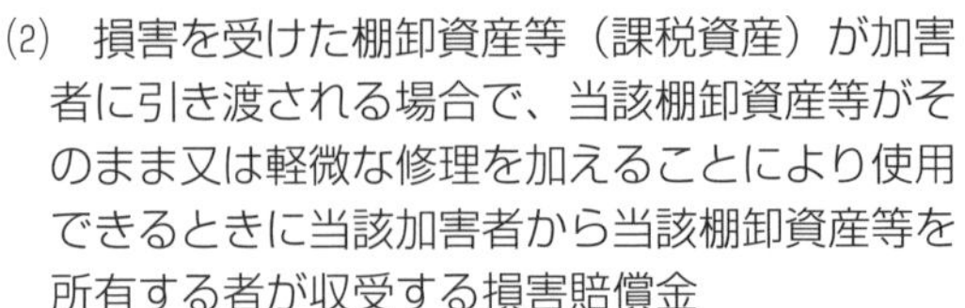 (2) 損害を受けた棚卸資産等（課税資産）が加害者に引き渡される場合で、当該棚卸資産等がそのまま又は軽微な修理を加えることにより使用できるときに当該加害者から当該棚卸資産等を所有する者が収受する損害賠償金	 消基通5-2-5
	(3) 特許権の侵害を受けた場合に加害者（居住者）から当該特許権の権利者が収受する損害賠償金	 消基通5-2-5
	(4) 貸店舗の明渡しの遅滞により加害者から賃貸人が収受する損害賠償金	 消基通5-2-5

項目	具体的事例	判定 参照法令
早期完済手数料	(1) 本体価格と利子を区分、明示して行った延払販売において得意先が繰上弁済したことによって徴収する早期完済割引料（損害賠償金）	不
	(2) (1)の早期完済割引料が定額となっている場合 注意点 解約手数料を対価とする役務の提供に該当	課
遅延損害金	金銭債務の返済遅延に伴う損害金	非
クレーム処理の損害賠償金	(1) クレームの内容が値引と認められる損害賠償金 注意点 対価の返還となる	課
	(2) クレームの内容が値引と認められない損害賠償金 注意点 対価性がないため、課税対象外（不課税）となる	不
	(3) 販売店等がメーカーに代わってクレーム処理を行った場合のメーカーから受ける損害賠償金相当額	課
キャンセル料	(1) 解約に伴う事務手数料としてのキャンセル料	課 消基通5-5-2
	(2) 逸失利益に対する損害賠償金としてのキャンセル料	不 消基通5-5-2
没収した手付金	売買契約の買手から解約申し出に伴う手付金の没収	不

特別損益

項目	具体的事例	判定 参照法令
交通事故の示談金	交通事故を引き起こしたことによる示談金	 消基通5-2-5
補償金・違約金	(1) 一般的な補償金・違約金 **注意点** 通常の補償金・違約金は対価性がないので、課税対象外（不課税）となるが、その対価性については実質的な判断が必要となる また、不課税となる損害賠償金を得るために要した課税仕入れは課税資産の譲渡等とその他の資産の譲渡等に共通して要する課税仕入れとなる	
	(2) 倉庫からの搬出遅滞により徴収する違約金 **注意点** 遅滞期間に応じて徴収する保管料に該当するため、役務提供の対価となる	
	(3) 事務所用建物賃貸契約の中途解約による違約金 **注意点** 建物の賃貸人が建物の賃貸借の契約期間の終了以前に入居者から解約の申入れにより中途解約の違約金として数か月分の家賃相当額を受け取る場合がある この違約金は、賃貸人が賃借人から中途解約されたことに伴い生じる逸失利益を補てんするために受け取るものなので損害賠償金として課税対象外（不課税）となる	 消基通5-2-5

債務免除益

項目	具体的事例	判定 参照法令
債務免除益	課税仕入れに係る買掛金について受けた債務免除 **注意点** 債務免除を受けた場合は、仕入れに係る対価の返還等に該当しない	 消基通12-1-7

項目	具体的事例	判定 参照法令
固定資産売却損		
土地売却損	(1) 土地の売却損 **注意点** 非課税売上げは売却損の額ではなく、土地の譲渡対価になる	非
	(2) 土地に係る未経過固定資産税等の精算金	非
建物等売却損	(1) 建物等の売却損 **注意点** 課税売上げは売却損の額ではなく、建物の譲渡対価になる	課
	(2) 建物に係る未経過固定資産税等の精算金	課
車両売却損	車両の売却損 **注意点** 課税売上げは売却損ではなく、車両の譲渡対価になる 新規車両購入時の下取り車両について車両売却損が計算されることがあるが、この場合の課税売上げは下取り価格そのものである	課
機械装置売却損	機械装置の売却損 **注意点** 課税売上げは売却損ではなく、機械装置の譲渡対価になる	課
固定資産除却損		
固定資産除却損	(1) 資産について廃棄、火災、盗難又は滅失があった場合の除却損失	不
	(2) 備品廃棄費用	課

項目	具体的事例	判定 参照法令
貸倒損失		
貸倒損失	⑴ 通常の売掛金について生じた貸倒損失 注意点 売掛金その他の債権が貸倒れとなったときは、貸倒れとなった金額に対応する消費税額を貸倒れの発生した課税期間の売上げに対する消費税額から控除する 控除の対象となる貸倒れは、消費税の課税対象となる取引の売掛金その他の債権（以下「売掛金等」という）に限られる	 消法39 消令59
	⑵ 免税事業者であった間に発生した売掛金が、課税事業者になった後に生じた貸倒損失 注意点 免税事業者が課税事業者になった場合は、免税事業者であったときに発生した売掛金などの売掛債権が、課税事業者になった後、貸し倒れても税額控除することはできない。なぜなら、その売掛金などの売掛債権は免税事業者であった間に発生しているため、その際に消費税を納めてないからである	
	⑶ 貸付金について生じた貸倒損失 注意点 金銭の貸付けを行った場合は課税対象外（不課税）となるため、その貸付金が貸倒れとなった場合も課税対象外（不課税）となる	不
	⑷ 貸付金の未収利息について生じた貸倒損失 注意点 貸付利息が非課税取引となるため、その未収利息が貸倒れとなった場合も非課税取引となる	
法人税等		
法人税等	⑴ 法人税、所得税、事業税、特別法人事業税、都道府県民税、市町村民税	

項　目	具　体　的　事　例	判　定 参照法令
	(2)　預金利息から控除された源泉所得税・住民税利子割	
	(3)　税効果会計を採用している場合の法人税等調整額	

輸出入取引

項目	具体的事例	判定 参照法令
輸入取引		
商品等の輸入	(1) 輸入（保税地域からの外国貨物の引取り）した商品	 消法4②
	(2) 輸入した有価証券等	 消法6②、別表第二の二一
	(3) 輸入した郵便切手類	 消法6②、別表第二の二二
	(4) 輸入した印紙	 消法6②、別表第二の二三
	(5) 輸入した証紙	 消法6②、別表第二の二四
	(6) 輸入した物品切手等	 消法6②、別表第二の二五

項目	具体的事例	判定 参照法令
	(7) 輸入した身体障害者用物品	非 消法6②、別表第二の二ー六
	(8) 輸入した教科用図書	非 消法6②、別表第二の二ー七
	(9) 収集品または販売用記念金貨の輸入 **注意点** 国の通貨たる金貨は支払手段に該当し、非課税の対象とされているが、支払手段のうち販売用のものは、非課税の対象から除かれている	課 消令9③ 消法別表第二ー二
	(10) 食用まぐろの輸入	課 軽減
	(11) 飼料用マグロの輸入	課
無償での外国貨物の引き取り	(1) 非課税物品に該当する外国貨物の引き取り	非 消基通5-6-1、5-6-2
	(2) 関税の課税価格が１万円以下の外国貨物の引き取り **注意点** 保税地域から引き取られる外国貨物については、国内において事業者が行った資産の譲渡等の場合のように、「事業として対価を得て行われる」ものには限られないのであるから、保税地域から引き取られる外国貨物に係る対価が無償の場合、又は保税地域からの外国貨物の引取りが事業として行われるものではない場合のいずれについても課税対象となる	免 輸徴法13 消法4②

項目	具体的事例	判定 参照法令
個人輸入等	個人が輸入した外国貨物 **注意点** 外国貨物に係る納税義務者は、その貨物の引き取り者であり、事業者であるかどうかを問わない ただし、一定金額以下の携行品輸入等特に免税規定が設けられている場合はこの限りではない	課 消法5② 消基通5-6-2
無体財産権の伴う外国貨物の輸入	特許権等の無体財産権の使用の対価を支払う外国貨物の輸入 **注意点** 外国から特許権等の無体財産権の譲受けまたは貸付けを併せて受ける場合であっても輸入取引の条件となっていない場合には外国貨物のみが課税対象となる ただし、無体財産権（複製権を除く）の使用に伴う対価の支払いが輸入の条件になっている場合にはこの対価の額も課税対象となる。この場合の課税標準は、関税の課税価格に関税額及び消費税以外の個別消費税等の額を加算した金額となる	課 消基通5-6-3
映画フィルムのネガの輸入	配給会社が輸入する映画フィルムのネガ **注意点** 複製権の使用の対価は、無体財産権の使用に伴う対価から除かれているので、いわゆるロイヤリティを含まないフィルムの価格となる	課
特許権等の使用料	(1) 国外において登録された特許権の使用料	不
	(2) 国内において登録された特許権の使用料 **注意点** 特許権等の使用料は権利の貸付の対価として支払われるものであるので、その権利の登録をした機関の所在地によって判定する	課
技術指導料	国内において行われる技術指導料	課

項目	具体的事例	判定 参照法令
公海上での魚類の買付	(1) 公海上で外国漁船が捕獲した魚類を買い付け、国内に運搬した場合	課
	(2) 公海上で日本漁船が捕獲した魚類を買い付け、国内に運搬した場合 **注意点** 外国漁船から買い付けて国内に搬入した場合の魚類は外国貨物に該当するため課税取引となり、日本漁船から買い付けて国内に搬入した場合の魚類は外国貨物に該当しないので消費税は課税されない また、公海上での取引は国外取引に該当するので課税対象外取引となる	不
輸入物品のリベート	外国メーカーから受け取るリベート **注意点** そのリベートの額に消費税額が含まれていないことから仕入れの対価の返還等に該当しない	不
書籍等の輸入	(1) 課税価格が１万円以下の書籍の輸入	免 輸徴法13
	(2) 課税価格が１万円超の書籍のうち記録文書その他の書籍（本、定期刊行物、新聞等）の輸入	免 輸徴法13
	(3) 課税価格が１万円超の書籍のうち絵本、絵画集、写真集の輸入	課
外航機等の輸入	(1) 船舶運行事業を営んでいる会社が専ら国内と国外、または国外と国外との間に渡って行われる旅客若しくは貨物の輸送用の船舶の輸入	免 消基通5-6-6
	(2) 航空運送事業を営んでいる会社が専ら国内と国外、または国外と国外との間に渡って行われる旅客若しくは貨物の輸送用の航空機の輸入	免 消基通5-6-6

項　目	具 体 的 事 例	判　定 参照法令
輸出物品の返品等	(1)　輸出した物品の返品 **注意点** 関税が免除されるものに限られる	免 輸徴法13
	(2)　修繕物品で再輸出免税とされるものの国外からの引き取り	免 輸徴法13 定率法17
外国の展示会に出品した物品の引き取り等	外国の展示会に出品若しくはデモ用に使用したものの国外からの引き取り	免 輸徴法13
保税地域における外国貨物の消費又は使用	(1)　外国貨物が課税貨物の原材料として消費または使用された場合	不 消法4⑥
	(2)　税関職員が関税法の規定によって外国貨物を消費または使用した場合	不 消令7
	(3)　食品衛生法等に基づいて公務員が外国貨物を消費または使用した場合	不 消令7
	(4)　保税地域における外国貨物の亡失または滅失	不 消基通5-6-4
	(5)　(1)から(4)以外の外国貨物の消費または使用	課 消法4⑥
	(6)　保税地域における外国貨物についての加工、製造または改装のための内国貨物の消費または使用	不 消基通5-6-5

項目	具体的事例	判定 参照法令
	(7) 保税地域内における加工に係る役務提供  注意点 保税地域内における加工に係る役務提供は国内取引に該当し、かつ、輸出取引にも該当しないため課税対象となる。保税地域とは外国から輸入された貨物を、税関の輸入許可が未済の状態で関税を留保したまま置いておける場所のことを指す。保税とは関税の徴収を一時留保することをいう	課

輸出取引

項目	具体的事例	判定 参照法令
輸出関係	(1) 本邦からの輸出として行われる資産の譲渡又は貸付け	免 消基通7-2-1
	(2) 外国貨物の譲渡又は貸付け	免 消基通7-2-1
国際輸送	(1) 国内から国外への旅客又は貨物の輸送	免 消基通7-2-1
	(2) 国外から国内への旅客又は貨物の輸送	免 消基通7-2-1
外航船舶等の貸付け又は修理等	(1) 外航船舶等の譲渡又は貸付けで船舶運航事業者等に対するもの	免 消基通7-2-1
	(2) 外航船舶等の修理で船舶運航事業者等の求めに応じて行われるもの	免 消基通7-2-1
	(3) 専ら国内と国外又は国外と国外との間の貨物の輸送の用に供されるコンテナーの譲渡、貸付けで船舶運航事業者等に対するもの又は当該コンテナーの修理で船舶運航事業者等の求めに応じて行われるもの	免 消基通7-2-1

項目	具体的事例	判定 参照法令
	(4) 外航船舶等の水先、誘導、その他入出港若しくは離着陸の補助又は入出港、離着陸、停泊若しくは駐機のための施設の提供に係る役務の提供等で船舶運航事業者等に対するもの	免 消基通7-2-1
外国貨物の荷役・運送等	(1) 外国貨物の荷役、運送、保管、検数又は鑑定等の役務の提供 **注意点** 特例輸出貨物に係るこれらのものについては、所定のものに限られる	免 消基通7-2-1
	(2) 国内と国外との間の通信又は郵便若しくは信書便	免 消基通7-2-1
非居住者に対する役務の提供等	(1) 非居住者に対する無形固定資産等の譲渡また又は貸付け	免 消基通7-2-1
	(2) 非居住者に対する役務の提供で、国内に所在する資産に係る運送又は保管	課 消基通7-2-16
	(3) 非居住者に対する役務の提供で、国内に所在する不動産の管理や修理	課 消基通7-2-16
	(4) 非居住者に対する役務の提供で、建物の建築請負	課 消基通7-2-16
	(5) 非居住者に対する役務の提供で、電車、バス、タクシー等による旅客の輸送	課 消基通7-2-16
	(6) 非居住者に対する役務の提供で、国内における飲食又は宿泊	課 消基通7-2-16

項目	具体的事例	判定 参照法令
	(7) 非居住者に対する役務の提供で、理容又は美容	課 消基通7-2-16
	(8) 非居住者に対する役務の提供で、医療又は療養	課 消基通7-2-16
	(9) 非居住者に対する役務の提供で、劇場、映画館等の興業場における観劇等	課 消基通7-2-16
	(10) 非居住者に対する役務の提供で、国内間の電話、郵便又は信書便	課 消基通7-2-16
	(11) 非居住者に対する役務の提供で、日本語学校等における語学教育等	課 消基通7-2-16
	(12) 非居住者に対するノウハウ提供 **注意点** ノウハウは無体財産権に該当する	免
サテライトショップでの販売	サテライトショップで販売する物品で出国者が帰国若しくは再入国に際し、当該物品を携帯しないことが明らかなとき又は渡航先において当該物品を使用若しくは消費することが明らかなとき	免 消基通7-2-21
輸出物品の下請け加工等	(1) 輸出する物品の製造のための下請け加工	課 消基通7-2-2
	(2) 輸出取引を行う事業者に対して行う国内での資産の譲渡等	課 消基通7-2-2
保税地域経由の輸出	国外で購入した貨物を国内の保税地域に陸揚げし、輸入手続きを経ないで再び国外へ譲渡する場合の当該貨物の譲渡	免 消基通7-2-3

項目	具体的事例	判定 参照法令
海外パック旅行の取り扱い	(1) 海外パック旅行の場合の旅行業者の国内輸送又はパスポート交付申請等の事務代行に係る役務提供	課 消基通7-2-6
	(2) 海外パック旅行の場合の旅行業者の国内から海外、国外から国外及び国外から国内への移動に伴う輸送、国外におけるホテルでの宿泊並びに国外での旅行案内等の役務の提供	不 消基通7-2-6
	(3) 旅行業者が海外パック旅行に際して、居住者である航空会社等から受ける事務代行手数料	課
船舶への積み込み用品	(1) 日本国籍の外航船等に積み込む船用品又は機用品の譲渡	免 措法85①
	(2) 外国籍の船舶又は航空機への内国貨物の積み込み	免 消法7①
特殊な役務提供等	(1) 米軍基地からの受注工事	免
	(2) 海軍販売所等に対する物品の譲渡	免 措法86の2
保税地域における譲渡	(1) 輸入許可を受ける前の外国貨物の保税地域における譲渡	免 消法7①二
	(2) 輸入許可を受けた貨物の保税地域における譲渡	課 消法7①二
国外の港等を経由した場合の取り扱い	(1) 国内の港等を出発地とし、国外の港等を経由して国外の港等を最終到着地とする場合で、国内の港等を出発し、経由する国外の港等で入国手続きすることなく国外の最終到着地まで乗船等する旅客の輸送	免 消基通7-2-7

項目	具体的事例	判定 参照法令
	(2) 国内の港等を出発地とし、国外の港等を経由して国外の港等を最終到着地とする場合で、国内の港等から経由する国外の港等まで乗船等する旅客の輸送	免 消基通7-2-7
	(3) 国内の港等を出発地とし、国外の港等を経由して国外の港等を最終到着地とする場合で、経由する国外の港等から国外の最終到着地まで乗船等する旅客の輸送	不 消基通7-2-7
	(4) 国外の港等を出発地とし、国外の港等を経由して国内の港等を最終到着地とする場合で、国外の港等を出発し、経由する国外の港等で入国手続きすることなく国内の最終到着地まで乗船等する旅客の輸送	免 消基通7-2-7
	(5) 国外の港等を出発地とし、国外の港等を経由して国内の港等を最終到着地とする場合で、国外の港等から経由する国外の港等まで乗船等する旅客の輸送	不 消基通7-2-7
	(6) 国外の港等を出発地とし、国外の港等を経由して国内の港等を最終到着地とする場合で、経由する国外の港等から国内の最終到着地まで乗船等する旅客の輸送	免 消基通7-2-7
国外事業者のために行う設計	設計を行う者の設計事務所等が国内にあり、その設計が非居住者に対するもの	免
外国企業の広告	(1) 国内に事務所等を設置していない外国企業からの依頼により、国内において行う広告や宣伝	免 消令17②七
	(2) 国内に事務所等を設置している外国企業からの依頼により、国内において行う広告や宣伝	課

輸出入取引

項目	具体的事例	判定 参照法令
情報の提供	(1) 非居住者に対する国内情報の提供	免
	(2) 国内の輸出業者に対する海外情報の提供	課
非居住者に対する弁護士業務	非居住者に対する弁護士業務としての役務提供	免
非居住者から受けるリース料	海外に所在するリース物件のリース料	不
非居住者から受け取る利子等	(1) 非居住者から受け取る貸付金の利子	免
	(2) 非居住者から受け取る預貯金の利子	免
	(3) 非居住者から受け取る外国債券の利子	免
	(4) 非居住者から受け取る外国CD・CPの利子・割引料	免
	(5) 非居住者から受け取る外国の合同運用信託・証券投資信託・特定公益信託の受益証券の収益分配金・利子	免
	(6) 非居住者から受け取る抵当証券の利息	免
	(7) 非居住者から受け取る割引債・利付債の償還差益・利子	免
	(8) 割引を受けた者が非居住者である場合の手形の割引料	免

項目	具体的事例	判定 参照法令
	(9) 金投資口座で次の要件のすべてを満たしているもの ① 銀行等が顧客に交付する金の預り証又は取引規定に金の預り場所を「ロンドンにおいて」等明示していること ② 銀行等と国内の商社等との契約書等においても金の保管場所を具体的に記載していること ③ 売買の目的物が現実に海外に保管されていること	

国外取引

項目	具体的事例	判定 参照法令
国外資産の譲渡又は貸付け	国内の事業者による国外にある機械装置の譲渡又は貸付け **注意点** その取引先が居住者であるか、非居住者であるかを問わず課税対象外（不課税）となる	不 消基通5-7-10
船荷証券の譲渡	(1) 荷揚地が国内である場合の船荷証券の譲渡	免 消法7①二 消基通5-7-11
	(2) 荷揚地が国外である場合の船荷証券の譲渡 **注意点** 船荷証券の内外判定は、原則としてその船荷証券の譲渡が行われる時においてその貨物が現実に所在している場所により判断する 船荷証券とは貿易における船積書類であり、船会社など運送業者が発行し、貨物の引き受けを証明し、当該貨物受け取りの際の依拠とする。英語ではBill of Lading 、B/Lと略す	不 消基通5-7-11
国外での請負工事	国内の事業者による国外での請負工事	不 消法4③二
国外への人材派遣	(1) 建設を伴わない国外への人材派遣	不
	(2) 国外における生産設備等の建設又は製造に関して、調査、企画、立案、助言、監督又は検査のための人材が派遣された場合でその建設又は製造に必要な資材の大部分が国外で調達されたもの	不 消令6②五

項　目	具体的事例	判　定 参照法令
	(3)　(2)の必要な資材の大部分の調達が国内で行われた場合の居住者に対する人材派遣	
	(4)　(3)の人材派遣が非居住者に対して行われたもの **注意点** この場合の生産設備等とは次の①から③のものをいう ①　建物及び附属設備又は構築物 ②　鉱工業生産施設、発電及び送電施設、鉄道、道路、港湾設備その他の運輸施設又は漁業生産施設 ③　変電及び配電施設、ガス貯蔵及び供給施設、石油貯蔵施設、通信施設、放送施設、工業用水道施設、上水道施設、下水道施設、汚水処理施設、農業生産施設、林業生産施設、ヒートポンプ施設、ばい煙処理施設、窒素酸化物抑制施設、粉じん処理施設、廃棄物処理施設、船舶、鉄道用車両又は航空機	 消法7①五 消令17②七 消令6②五 消規2
国外と国外との間における取引	事業者が国外において購入した資産を国内に搬入せずにした国外へ譲渡	 消基通5-7-1
資産の譲渡又は貸付け	外国において登録された船舶のチャーター代 **注意点** 資産の譲渡又は貸付けが国内において行われたかどうかの判定は、原則としてその資産を譲渡等した時における所在場所による ただし、その資産が船舶、航空機等の場合は次の場所により判定する ①　登録された船舶については、登録をした機関の所在地 ②　①以外の船舶については、その譲渡又は貸付けを行う者のその譲渡又は貸付けに係る事務所、事業所等の所在地 ③　航空機については、航空機の登録をした機関の所在地(登録を受けていない航空機にあつては、当該譲渡又は貸付けを行う者の譲渡又は貸付けに係る事務所等の所在地) ④　①から③までの資産以外の資産でその所在していた場所が明らかでないものについては、その資産の譲渡又は貸付けを行う者の当該譲渡又は貸付けに係る事務所等の所在地	 消法4③一 消令6①

項目	具体的事例	判定 参照法令
役務の提供	国外で行う弁護士の役務の提供 注意点 役務の提供が国内において行われたかどうかの判定は、原則としてその役務の提供が行われた場所による ただし、その役務の提供が次の場合にはそれぞれ次の場所により判定する ① 国内及び国内以外の地域にわたって行われる旅客又は貨物の輸送については、出発地若しくは発送地又は到着地 ② 国内及び国内以外の地域にわたって行われる通信については、発信地又は受信地 ③ 国内及び国内以外の地域にわたって行われる郵便又は信書便等については、差出地又は配達地 ④ 保険については、保険に係る事業を営む者の保険の契約の締結に係る事務所等の所在地 ⑤ 専門的な科学技術に関する知識を必要とする調査、企画、立案、助言、監督又は検査に係る役務の提供で次のイからハに掲げるものの建設又は製造に関するものについては、その生産設備等の建設又は製造に必要な資材の大部分が調達される場所 イ 建物及び附属設備又は構築物 ロ 鉱工業生産施設、発電及び送電施設、鉄道、道路、港湾設備その他の運輸施設又は漁業生産施設 ハ 変電及び配電施設、ガス貯蔵及び供給施設、石油貯蔵施設、通信施設、放送施設、工業用水道施設、上水道施設、下水道施設、汚水処理施設、農業生産施設、林業生産施設、ヒートポンプ施設、ばい煙処理施設、窒素酸化物抑制施設、粉じん処理施設、廃棄物処理施設、船舶、鉄道用車両又は航空機 ⑥ ①から⑤の役務の提供以外のもので国内及び国内以外の地域にわたって行われる役務の提供その他の役務の提供が行われた場所が明らかでないものについては、役務の提供を行う者の役務の提供に係る事務所等の所在地	 消法4③二 消令6②
利子を対価とする金銭の貸付け	国外において外国法人から譲り受けた貸付金債権  利子を対価とする金銭の貸付けが国内において行われたかどうかの判定は、その行為を行う者のその行為に係る事務所等の所在地による	 消令6③

貸借対照表科目

項目	具体的事例	判定 参照法令
流動資産		
現金	(1) 両替及び支払手段の譲渡 **注意点** 支払手段とは、例えば銀行券、政府紙幣、硬貨、小切手、約束手形、暗号資産等をいう なお、課税売上割合の計算上、分母の額に含めない	非 消法6①、別表第二－二 消令48②一 消基通6-2-3
	(2) 株式配当金の受け取り	不
	(3) 期日が到来している公社債利札の引き換え	非 消法6①、別表第二－三 消基通6-3-1
現金（収集品及び販売用）	(1) 金券ショップ等で販売している収集品としての記念硬貨の譲渡	課 消法6①、別表第二－二 消令9③
	(2) 金券ショップ等で販売している収集品としての外国紙幣の譲渡	課 消法6①、別表第二－二 消令9③

項目	具体的事例	判定 参照法令
預貯金	預貯金の譲渡	
	(1) 居住者が発行する譲渡性預金証書の譲渡  注意点 課税売上割合の計算上、対価の5％相当額を分母に含める	 消法6①、 別表第二－二 消令9①四、 48⑤ 消基通6-2-1
	(2) 譲渡性預金の預金証書のうち外国法人が発行するものの譲渡 注意点 課税売上割合の計算上、対価の5％相当額を分母に含める	 消法6①、 別表第二－二 消令9①一、 48⑤ 消基通6-2-1
受取手形	(1) 受取手形の譲渡 注意点 課税売上割合の計算上、分母の額に含めない	 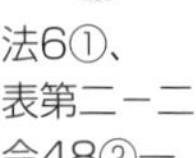 消法6①、 別表第二－二 消令48②一 消基通6-2-3
	(2) 受取手形が不渡りとなった場合	
売掛金	(1) 売掛金の譲渡 注意点 資産の譲渡等を行った者が資産の譲渡等の対価として取得した金銭債権を譲渡した場合には、課税売上割合の計算上、分母の額に含めない	 消法6①、 別表第二－二 消令9①四、 48②二 消基通6-2-1
	(2) 商品販売に係る売掛金の回収 注意点 商品の引渡しを行った時点において、売上げを認識する	 消法4①

項目	具体的事例	判定 参照法令
	(3) 売掛金の振込みに際して差し引かれた手数料 **注意点** 売上げに係る対価の返還として処理することもできる	課
	(4) 代物弁済による売掛金の回収	
	① 給付対象の資産が課税資産の場合	課 消法4①、2①八
	② 給付対象の資産が非課税資産の場合	非
	(5) 売掛金と買掛金の相殺	不
有価証券	(1) 有価証券等の譲渡 **注意点** 非課税となる有価証券等には、おおむね次のものが該当する【300ページ参照】 なお、課税売上割合の計算上、分母の額に含める金額は、有価証券等の種類によって異なる	非 消法6①、別表第二－二 消令48⑤ 消基通6-2-1
	(2) 国債、社債等の償還差益（償還有価証券の調整差益を含む） **注意点** 課税売上割合の計算上、分母の額に含める	非 消令48①
	(3) 国債、社債等の償還差損（償還有価証券の調整差損を含む） **注意点** 課税売上割合の計算上、分母の額から控除する	非 消令48⑥

項目	具体的事例	判定 参照法令
	⑷ 現先取引債券等（国債等、海外CD、CP）の買戻条件付売却 注意点 課税売上割合の計算上、分母の額に含めない	 消令48②三
	⑸ 現先取引債券等（国債等、海外CD、CP）の売戻条件付買入 注意点 課税売上割合の計算上、売戻差益は分母の額に含め、売戻差損は分母の額から控除する	 消令48③
	⑹ 船荷証券、倉荷証券等の譲渡（表章する課税貨物が国内に所在する場合） 注意点 船荷証券、倉荷証券の譲渡が行われた場合には、その船荷証券等に表章されている貨物の譲渡となる	 消法6①、 別表第二一二 消基通6-2-2
	⑺ 船荷証券、倉荷証券等の譲渡（表章する貨物が国外に所在する場合）	
	⑻ 船荷証券、倉荷証券等の譲渡（表章する貨物が国外に所在する場合において、荷揚地が日本であるとき） 注意点 船荷証券の譲渡は、譲渡が行われる時点においてその表章されている貨物が現実に所在している場所により内外判定を行う ただし、船荷証券に表示されている荷揚地が国内である場合には、国内取引として差し支えない	 消基通5-7-11
	⑼ 有価証券売買委託手数料	

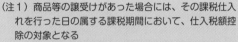

項　目	具体的事例	判定 参照法令
商品、製品、半製品、仕掛品、原材料、貯蔵品	(1)　商品、製品、半製品、仕掛品、原材料、貯蔵品等の譲渡及び譲受け	
	①　課税資産の購入  （注１）商品等の譲受けがあった場合には、その課税仕入れを行った日の属する課税期間において、仕入税額控除の対象となる （注２）免税事業者が課税事業者となった場合又は課税事業者が免税事業者となった場合には、棚卸資産については仕入税額控除の調整が行われる	課 消法30①一 消法36
	②　飲食料品の購入	 消法２①、 別表第一一
	③　非課税資産の購入	
	④　居住用賃貸建物の購入 注意点 居住用として賃貸している現住建物（中古物件）を販売用として購入した場合には、仕入税額控除の対象とならない	 消法30⑩
	⑤　課税貨物の輸入 注意点 原則として、課税貨物を引き取った日の属する課税期間において、仕入税額控除の対象となる	 消法30①三四
	⑥　飲食料品の輸入	 消法２①、 別表第一の二

項目	具体的事例	判定 参照法令
	⑦　非課税貨物の輸入	非
	(2)　商品等の広告宣伝、試験研究等としての消費又は使用 **注意点** 課税資産の譲渡等に係る販売促進等のために得意先等に配布される試供品、試作品等に係る課税仕入れ等は、課税資産の譲渡等にのみ要するものに該当する	 消基通5-2-12 消基通11-2-14
	(3)　商品等の廃棄、盗難、滅失 **注意点** 課税仕入れ等に係る資産が事故等により滅失、亡失等した場合などのように、結果的に資産の譲渡等を行うことができなくなった場合であっても、その課税仕入れ等について仕入れに係る消費税額の控除の規定が適用される	 消基通5-2-13 消基通11-2-9
	(4)　商品等を購入した際の引取運賃、荷役費	
	(5)　商品等を購入した際の運送保険料	 消法6①、 別表第二一三
	(6)　商品等の期末評価損	
	(7)　商品等の棚卸減耗損	
	(8)　消耗品の当期未使用分の資産勘定への振り替え **注意点** 消耗品購入時に課税仕入れとなる	

項目	具体的事例	判定 参照法令
未成工事支出金	(1) 外注費、材料等の購入 **注意点** 建設工事等のために支出した未成工事支出金は、課税仕入れ等を行った日の属する課税期間において仕入税額控除の対象となる ただし、継続適用を条件に、その目的物の引渡しをした日の属する課税期間における課税仕入れ等とすることもできる	課 消基通11-3-5
	(2) 賃金、給与、賞与、退職金	不
	(3) 法定福利費、保険料 **注意点** 使用人等が負担する保険料については、預り金であることから、不課税となる	非 消法6①、別表第二一三 消基通6-3-1（4）
	(4) 厚生年金基金契約等に係る事務費用	課 消基通6-3-1（4）
立替金	ホテルがタクシー代やコンパニオン代を客に代わって立替払いをし、その旨を明確にしている場合において、その代金をお客から領収した場合 **注意点** この場合には、その支払いはホテルの課税仕入れに該当しない	不
前渡金	商品の購入の際に支払う前渡金 **注意点** 前渡金を支払った時点においては課税仕入れを認識せず、現実に資産の引渡しや役務の提供を受けた時点において仕入税額控除の対象となる	不 消基通11-3-1
仮払金	出張旅費を立替払いした場合の仮払金	不

項　目	具体的事例	判　定 参照法令
未収金	固定資産の販売に係る未収金の回収 **注意点** 固定資産の引渡しを行った時点において、売上げを認識する	不
前払費用	事務所家賃の前払い **注意点** 支出した時点では原則的には不課税となり、その役務の提供を受けた日の属する課税期間の課税仕入れとなるが、所得税法基本通達37-30の２又は法人税法基本通達2-2-14（短期前払費用）の取扱いの適用を受けている場合には、その支出した日の属する課税期間における課税仕入れとなる	不 消基通11-3-8
短期貸付金	(1)　金銭の貸付け **注意点** 貸付金の元本そのものは課税対象外（不課税）となる なお、金銭の貸付けに伴い受け取る利息は、非課税となる	不 消法別表第二一三 消令10①
	(2)　貸付金の譲渡 **注意点** 課税売上割合の計算上、対価の５％相当額を分母に含める	非 消法６①、別表第二一二 消令９①四、48⑤ 消基通6-2-1
	(3)　貸付金の貸倒れ	不 消法39①

項目	具体的事例	判定 参照法令
有形固定資産		
土地の譲渡及び譲受け	(1) 土地の譲渡	
	① 土地の譲渡  たまたま土地の譲渡があった場合には、一定の要件のもと、課税売上割合に準ずる割合を適用して仕入税額控除をすることができる	非 消法6①、30③、別表第二一
	② 土地付建物の一括譲渡（土地部分） **注意点** 土地付建物の一括譲渡の場合において、土地と建物の対価の額が区分されていない場合には、その対価の額を合理的に区分する必要がある。この区分方法として、例えば次のような方法がある ① 譲渡時における土地及び建物のそれぞれの時価の比率により按分して計算する方法 ② 相続税評価額や固定資産税評価額を基に按分して計算する方法 ③ 土地及び建物の原価（取得費、造成費、一般管理費・販売費、支払利子等を含む）を基に按分して計算する方法 なお、所得税又は法人税の土地の譲渡等に係る課税の特例の計算における取扱いにより区分しているときは、その区分した金額によることとなる	非 消法6①、別表第二一 消基通10-1-5
	③ 土地の購入	 消法6①、別表第二一

項目	具体的事例	判定 参照法令
	④　土地の造成費、仲介手数料 **注意点** 個別対応方式における土地造成費、仲介手数料は、仕入時における土地の使用目的に応じて、次のように区分する ①　当該土地に自社ビルの建設をする場合 イ　事業者が課税売上げのみの業務を行っている場合 …課税資産の譲渡等にのみ要するもの ロ　事業者が非課税売上げのみの業務を行っている場合 …非課税資産の譲渡等にのみ要するもの ハ　事業者が課税及び非課税の両方の業務を行っている場合 …共通して要するもの ②　当該土地に貸しビルの建設をする場合 …課税資産の譲渡等にのみ要するもの ③　当該土地に分譲マンションの建設をする場合 …共通して要するもの ※　分譲マンションの譲渡の際は敷地権部分も同時に譲渡するため ④　転売用の土地 …非課税資産の譲渡等にのみ要するもの	課 消法30②
	⑤　土地の取得に伴う未経過固定資産税の支払い **注意点** 固定資産税、自動車税等の未経過分を買主が負担する場合の未経過分に相当する金額は、不動産の譲渡対価を構成する	 消基通10-1-6
	⑥　土地付建物の一括譲受け（土地部分） **注意点** 事業者が、建物と土地とを同一の者から同時に譲り受けた場合には、その譲受けに係る支払対価の額を課税仕入れに係る支払対価の額とその他の仕入れに係る支払対価の額とに合理的に区分しなければならない	 消基通11-4-2

項　目	具体的事例	判定 参照法令
	(2) 借地権等の譲渡又は設定	
	① 借地権等の譲渡又は設定 **注意点** 借地権の譲渡又は設定は、「土地の上に存する権利の譲渡又は貸付け」となるため、非課税に該当する また、「土地の上に存する権利」とは、地上権、土地の賃借権、地役権、永小作権等の土地の使用収益に関する権利をいう	非 消法6①、別表第二一一 消基通6-1-2
	② 借地権に係る更新料（更改料を含む）又は名義書換料 **注意点** 土地の上に存する権利の設定若しくは譲渡又は土地の貸付けの対価に該当し、非課税となる	 消法6①、別表第二一一 消基通6-1-3
	(3) 庭木、石垣、庭園など土地の定着物を宅地である土地と一体として譲渡及び譲受けした場合の、その定着物の譲渡及び譲受け	 消法6①、別表第二一一 消基通6-1-1
	(4) 土地の上に設定された抵当権の譲渡 **注意点** 土地を目的物とした抵当権は、「土地の上に存する権利」に含まれない	 消基通6-1-2
	(5) 国内の鉱区に係る鉱業権の譲渡 **注意点** 鉱業権、土石採取権、温泉利用権は、「土地の上に存する権利」に含まれない	 消基通6-1-2
	(6) 耕作権の譲渡 **注意点** 耕作権は、土地を耕す権利（土地の上に存する権利）であり、その譲渡は非課税となる	 消法6①、別表第二一一 消基通6-1-2

項目	具体的事例	判定 参照法令
	(7) 採石法又は砂利採取法等の規定による認可を受けて行われるべき土石又は砂利の採取を、土地の賃貸借の形態で行っている場合の賃貸料	課 消基通6-1-2
	(8) 土地の販売業者が行う掘りこみガレージ付土地（土地を掘削してコンクリートの壁、床、天井を設置し、シャッターを取り付けた地下ガレージで住宅に付帯するもの）の譲渡	建物及び掘りこみガレージ部分 課 土地部分 非
	(9) 土地信託 ① 土地信託に係る委託者から受託者への信託財産の移転	不 消法4①
	② 信託された土地の上に建物を建築した場合の建築費 **注意点** 受益者が当該建物を取得したことになるので、受益者の課税仕入れに該当する	課 消法14①
	③ 信託財産となった建物を賃貸した場合の賃貸料収入（住宅の貸付けを除く） **注意点** 受益者の計算において課税となる また、住宅の貸付けの場合には、非課税となる	課 消法14①
土地の貸付け	(1) 土地の貸付け及び借受け（原則）	非 消法6①、 別表第二一

項　目	具体的事例	判定 参照法令
	①　土地の貸付けに係る期間が１か月に満たない場合の土地の貸付け **注意点** １か月に満たない場合に該当するかどうかは、土地の貸付けに係る契約において定められた貸付期間によって判定する	 消法6① 法令8① 消基通6-1-4
	②　契約期間が１か月に満たない場合の土地の貸付けについて、事情により実際の貸付期間が１か月以上となった場合	
	③　契約期間が１か月以上となっている場合の土地の貸付けについて、事情により実際の貸付期間が１か月未満となった場合	
	④　土地を日曜日のみ１年間貸し付けた場合 **注意点** 実質的には、週１回の貸付契約の集合体（貸付期間が１日の契約の集合体）であると考えられるので、貸付期間が１か月に満たない場合に該当する	
	(2)　電柱使用料等	
	①　電柱の敷設に伴い受け取る土地使用料	 消法6①、 別表第二一
	②　電柱に広告物を取り付ける場合に受け取る電柱使用料 **注意点** 電柱の一部の貸付けに係る対価であり、土地の貸付けに該当しない	

項目	具体的事例	判定 参照法令
	(3) 道路を占用して使用する場合の道路占用料（契約による貸付期間は1か月以上） **注意点** 国又は地方公共団体等がその有する海浜地、道路又は河川敷地（地上及び地下を含む）の使用許可に基づき収受する公有水面使用料、道路占用料又は河川占用料は、いずれも土地の貸付けに係る対価に該当するものとして取り扱うこととされている	 消基通6-1-7
	(4) 駐車場（更地にフェンス、区画等を設けたもの）の貸付け **注意点** 駐車場その他の施設の利用に伴って土地が使用される場合には、非課税となる土地の貸付けから除かれ、施設の貸付けとして課税される	 消基通6-1-5
	(5) 駐車場（更地にフェンス、区画等を設けていないもの）の貸付け **注意点** 駐車場又は駐輪場として土地を利用させた場合であっても、その土地につき駐車場又は駐輪場としての用途に応じる地面の整備又はフェンス、区画、建物の設置等をしていないときは、その土地の使用は、土地の貸付けに該当する	
	(6) 住宅の家賃に駐車場使用料が含まれている場合 **注意点** 一戸建住宅に係る駐車場のほか、集合住宅に係る駐車場で入居者について1戸当たり1台分以上の駐車スペースが確保されており、かつ、自動車の保有の有無にかかわらず割り当てられる等の場合で、住宅の貸付けの対価とは別に駐車場使用料等を収受していないものについては、駐車場付き住宅としてその全体が住宅の貸付けとされる	 消基通6-13-3
	(7) 駐車場経営者に駐車場用地として更地を貸し付けた場合	 消法6①、別表第二一

項目	具体的事例	判定 参照法令
	⑻　建物（居住用のものを除く）、野球場、プール又はテニスコート等の貸付け **注意点** （注１）施設の利用に伴って土地が使用される場合には、非課税となる土地の貸付けから除かれ、施設の貸付けとして課税される （注２）建物その他の施設の貸付け又は役務の提供に伴って土地を使用させた場合において、建物の貸付け等に係る対価と土地の貸付けに係る対価とに賃貸料が区分記載されていても、その対価の額の合計額がその建物の貸付け等に係る対価の額となる	 消基通6-1-5
	 ⑼　高架下の貸付け（施設なし） **注意点** 高架式線路の下の支柱と支柱の間の空スペースを何らの施設を設けることなく貸し付けた場合には、土地の貸付けに該当し、非課税となる	 消法6①、 別表第二一
	⑽　高架下の貸付け（施設あり） **注意点** フェンス等を設置して駐車場等として貸し付けた場合には、施設の貸付けに該当し、課税となる	
	⑾　墓地の永代使用料 **注意点** 墓地の永代使用料や霊園墓地における地中納骨施設の貸付けは、土地の貸付けに該当し、非課税となる	 消法6①、 別表第二一
	⑿　墓地等の清掃を行う等の管理料	
	⒀　土地の売買又は貸付け等に関して支払う仲介手数料 **注意点** 土地の譲渡代金については非課税となるが、土地の売買又は貸付け等に関する仲介手数料は、売買等のあっせんという役務の提供の対価であり、課税となる	

項　目	具 体 的 事 例	判　定 参照法令
建物	(1)　建物の譲渡	
	(2)　個人事業者の自宅建物の譲渡 **注意点** 個人事業者が生活の用に供している資産を譲渡する場合のその譲渡は、「事業として」には該当しない	 消基通5-1-1
	(3)　建物の取得 **注意点** （注１）課税仕入れ等に係る資産が減価償却資産に該当する場合であっても、その課税仕入れ等については、その資産の課税仕入れ等を行った日の属する課税期間において仕入税額控除の規定が適用される （注２）割賦購入の方法又はリース取引による課税資産の譲受けが課税仕入れに該当する場合には、その資産の引渡し等を受けた日の属する課税期間において仕入税額控除の規定が適用される	 消法30① 消基通11-3-3 消基通11-3-2
	(4)　居住用賃貸建物の取得 **注意点** 建物の一部が店舗用となっている居住用賃貸建物を、その構造及び設備その他の状況により住宅の貸付けの用に供しないことが明らかな部分とそれ以外の部分（居住用賃貸部分）とに合理的に区分しているときは、その居住用賃貸部分以外の部分に係る課税仕入れ等の税額については、仕入税額控除の対象となる	 消法30⑩
	(5)　建物の取得に係る不動産取得税、建物の保存・移転登記の際の登録免許税	
	(6)　建物の取得に係る仲介手数料	
	(7)　建物の保存・移転登記に係る司法書士の役務提供の対価である報酬	

項　目	具体的事例	判定 参照法令
	(8)　建物の取得に係る未経過固定資産税 **注意点** 固定資産税の未経過分を買主が負担する場合の未経過分に相当する金額は、不動産の譲渡対価を構成する	課 消基通10-1-6
	(9)　建物の取得の際の賃貸借契約解消に伴う立退料	不
	(10)　建物建築に伴い業者に支払った地鎮祭費用、上棟式費用	課
	(11)　建物建築に係る日照権の障害問題についての賠償金	不
	(12)　建物建築に係る設計料	課
	(13)　建物の増改築費用	課
	(14)　建物の購入の際に購入価額に算入された借入金の利子	非 消法6①、別表第二一三
建物付属設備	建物付属設備の取得	課
構築物	構築物の取得	課
機械装置	(1)　機械装置の譲渡	課
	(2)　機械装置の取得	課
	(3)　機械装置の取得に係る据付工事費用	課

項目	具体的事例	判定 参照法令
	(4) 機械装置に対する修理・メンテナンス費用	課
	(5) 機械装置の除却	不
車両運搬具	(1) 車両の譲渡	課
	(2) 個人事業者の自家用車の譲渡 **注意点** 個人事業者が生活の用に供している資産を譲渡する場合のその譲渡は、「事業として」には該当しない	不 消基通5-1-1
	(3) 車両の下取り	課
	(4) 車両取得の際の車両本体	課
	(5) 車両の取得に係る未経過自動車税 **注意点** 自動車税の未経過分を買主が負担する場合の未経過分に相当する金額は、自動車の譲渡対価を構成する	課 消基通10-1-6
	(6) 車両の取得に係る自動車取得税（環境性能割）、自動車重量税、自動車税	不
	(7) 車両の取得に係る検査・登録等法定費用	非
	(8) 車両に係る自賠責保険料、任意保険料	非 消法6①、別表第二一三
	(9) 車両の取得の際のリサイクル預託金	不

項目	具体的事例	判定 参照法令
	⑽　車両の取得の際のリサイクル資金管理料金	課
	⑾　車両の取得に係る検査・登録手続代行手数料、車庫証明代行手数料、納車費用	課
	⑿　車両を割賦購入した場合の利息	非 消法6①、別表第二－三
減価償却累計額	減価償却累計額	不
建物の貸付け	⑴　住宅の貸付け	
	①　賃貸料 **注意点** 賃貸借契約書において居住用として貸し付けられていることが明らかであり、賃貸借契約書において、「居住用」「住居用」「住宅用」等、その建物の用途を居住用に限定しているものをいう。なお、賃貸借契約書において貸付けに係る用途が明らかにされていない場合であっても、その貸付け等の状況からみて人の居住の用に供されていることが明らかな場合には非課税となる	非 消法6①、別表第二－十三
	②　保証金等（返還を要しないもの） **注意点** 建物等の賃貸借契約等の締結又は更改に当たって受ける保証金、権利金、敷金又は更改料（更新料を含む）のうち一定の事由の発生により返還しないこととなるものは、権利の設定の対価であるから資産の譲渡等の対価に該当する	非 消基通5-4-3
	③　保証金等（返還を要するもの） **注意点** 賃貸借契約の終了等に伴って返還することとされている保証金、権利金、敷金等は、資産の譲渡等の対価に該当しない	 消基通5-4-3

項目	具体的事例	判定 参照法令
	④　付属設備等 **注意点** 住宅の貸付けには、庭、塀その他これらに類するもので、通常、住宅に付随して貸し付けられると認められるもの及び家具、じゅうたん、照明設備、冷暖房設備その他これらに類するもので住宅の付属設備として、住宅と一体となって貸し付けられると認められるものが含まれる	非 消基通6-13-1
	⑤　付属設備等（別使用料） **注意点** 住宅の付属設備又は通常住宅に付随する施設等と認められるものであっても、当事者間において住宅とは別の賃貸借の目的物として、住宅の貸付けの対価とは別に使用料等を収受している場合には、その設備又は施設の使用料等は、課税となる	課 消基通6-13-1
	⑥　プール、アスレチック施設等 **注意点** プール、アスレチック施設等を備えた住宅の貸付けにおいて、その施設等を居住者以外の者も利用でき、かつ、その居住者以外の者が利用する場合に利用料を徴収している場合等には、居住者について家賃の一部としてその利用料に相当する額が収受されていても、その施設等の貸付けは住宅の貸付けには含まれない	 消基通6-13-2
	⑦　有料老人ホーム等 **注意点** 有料老人ホーム、ケア付住宅、食事付の貸間、食事付の寄宿舎等のように、一の契約で非課税となる住宅の貸付けと課税となる役務の提供を約している場合には、この契約に係る対価の額を住宅の貸付けに係る対価の額と役務の提供に係る対価の額に合理的に区分し、住宅の貸付けに係る対価の額が、非課税となる	消基通6-13-6

項目	具体的事例	判定 参照法令

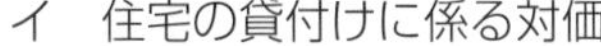

イ　住宅の貸付けに係る対価　非

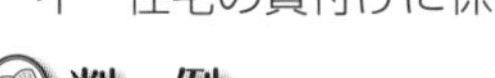

判　例

他から賃借した建物を介護付有料老人ホームを運営する事業者に転貸した場合に、その賃貸料の全額を非課税となる住宅の貸付けとした事例
平18.6.1裁決

ロ　役務の提供に係る対価

課

⑧　下宿

注意点

居住用の部屋の貸付けに「まかない」が伴ういわゆる下宿の場合については、下宿代のうちまかない部分は課税となり、部屋代部分は非課税となる

イ　まかない部分

課

ロ　部屋代部分

非

⑨　民泊

課

(2)　店舗、事務所、工場等の貸付け

①　賃貸料

課

注意点

（注１）店舗を貸し付けた際に、建物の貸付け等に係る対価と土地の貸付けに係る対価とに賃貸料が区分記載されていても、その対価の額の合計額がその建物の貸付け等に係る対価の額となる

（注２）住宅と店舗又は事務所等の事業用施設が併設されている建物を一括して貸し付ける場合には、住宅の貸付けに係る対価の額と事業用の施設の貸付けに係る対価の額とに合理的に区分し、住宅として貸し付けた部分のみが非課税となる

消基通6-13-5

貸借対照表科目

項目	具体的事例	判定 参照法令
	② 保証金等（返還を要しないもの）	課 消基通5-4-3
	③ 保証金等（返還を要するもの）	不 消基通5-4-3
建設仮勘定	建設工事等に係る目的物の完成前に行ったその建設工事等のための課税仕入れ等の金額について建設仮勘定として経理した場合 注意点 建設仮勘定として経理した課税仕入れ等につき、その目的物の完成した日の属する課税期間における課税仕入れ等とすることも認められる	課 消法30① 消基通11-3-6
工具、器具、備品	(1) 工具、器具、備品の譲渡及び譲受け 注意点 備品等（課税貨物）を輸入した場合には、原則として、課税貨物を引き取った日の属する課税期間において、仕入税額控除の対象となる	課 消法30①三・四
	(2) 商品陳列棚をメーカーから無償取得した場合 注意点 資産の贈与は、資産の譲渡等に該当しない なお、メーカーの陳列棚等の広告宣伝用資産を無償で取得した場合においても、その取得が広告宣伝を行うという義務を負担させるものではないため、負担付き贈与には該当せず、課税対象外（不課税）となる	不 消基通5-1-5
書画、骨董	(1) 社内に飾るための絵画の購入	課
	(2) 絵画を購入する際に支払った運送保険料	非 消法6①、別表第二一三

項　目	具 体 的 事 例	判　定 参照法令
リース用資産の取得	リース用資産の購入  **注意点** （注１）リース用資産の購入があった場合には、その課税仕入れを行った日の属する課税期間において、全額が仕入税額控除の対象となる （注２）リース取引については、特例として支払リース料を仕入税額控除の対象とすることも認められる	 消法30① 消基通11-3-2
無形固定資産		
工業所有権	(1)　特許権、実用新案権、意匠権、商標権等の譲渡等及び譲受け等（登録地が国内）	 消基通5-7-5
	(2)　特許権、実用新案権、意匠権、商標権等の譲渡等及び譲受け等（登録地が国外）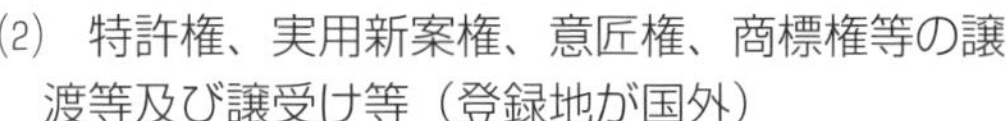	
	(3)　特許権、実用新案権、意匠権、商標権等の譲渡又は貸付けで非居住者に対して行われるもの	 消法7① 消令17②六
	(4)　発明等に係る報奨金等の支給 **注意点** 業務上有益な発明、考案等をした自己の使用人等に支給する報償金等の支払いのうち、次に掲げる金銭は、課税仕入れに該当する ①　その使用人等から発明等に係る特許等を受ける権利又は特許権等を承継したことにより支給するもの ②　特許権等を取得した使用人等にこれらの権利に係る実施権の対価として支給するもの ③　事務等の合理化等に寄与する工夫、考案等（特許等の登録を受けるに至らないものに限り、その工夫等が通常の職務の範囲内の行為である場合を除く）をした使用人等に支給するもの	  消基通11-2-2
鉱業権等	鉱業権、土石採取権、温泉利用権等の譲渡等及び譲受け等	

項目	具体的事例	判定 参照法令
施設利用権	専用側線利用権、電気ガス供給施設利用権、水道施設利用権、電気通信施設利用権等の権利の設定 **注意点** 負担金等の名目であっても、資産の譲渡等の対価に該当する	課 消基通5-5-6（注）、11-2-6
営業権	営業権の譲渡等及び譲受け等 **注意点** 営業権には、繊維工業における織機の登録権利、許可漁業の出漁権、タクシー業のナンバー権等が含まれる	課 消基通5-7-8
のれん	営業譲受けによるのれんの取得	課
差入保証金・敷金等	(1) 差入保証金、敷金等のうち、返還される部分	不 消基通5-4-3、9-1-23
	(2) 差入保証金、敷金等のうち、返還されない部分（居住用以外の場合）	課
	(3) 差入保証金、敷金等のうち、返還されない部分（居住用の場合）	非
	(4) 借家保証金等から差し引く原状回復工事に要した費用相当額	課

項目	具体的事例	判定 参照法令
	(5) 容器保証金等 **注意点** 容器等の返却を担保するための預け金であるため、課税対象外（不課税）となる なお、容器等が返却されないことにより返還しないこととなった保証金等の取扱いについては、次による ① 当事者間において容器等の譲渡の対価として処理することとしている場合には、課税となる ② 当事者間において損害賠償金として処理することとしている場合には、課税対象外（不課税）となる (注) ①又は②のいずれによるかは、当事者間で授受する請求書等で明らかにする	不 消基通5-2-6
借地権等	(1) 借地権、耕作権の譲渡等及び譲受け等 **注意点** 土地の上に存する権利として、非課税に該当する	非
	(2) 借地更新料	非
電話加入権	電話加入権の取得	課
ソフトウェアの開発費	他の者からのソフトウェアの購入費用の支払い又は他の者に委託してソフトウェアを開発した場合におけるその開発費用	課
投　資		
信託	信託契約に基づき財産を信託会社に移転する行為（信託の設定） **注意点** 特定受益証券発行信託又は一定の法人課税信託の委託者が資産（金銭以外の資産に限る）の信託をした場合におけるその資産の移転等については、資産の譲渡等に該当する	不 消基通4-2-1 消令2①三
出資金	協同組合等へ出資した場合の出資金	不

貸借対照表科目

項　目	具 体 的 事 例	判　定 参照法令
ゴルフ会員権	(1)　ゴルフ会員権の取得	
	①　株式、出資、預託の形態によるゴルフ会員権等の取得（②を除く）	
	②　新設ゴルフクラブへの入会金、預託金等の支払いのうち、返還されるもの	
	③　新設ゴルフクラブへの入会金、預託金等の支払いのうち、返還されないもの	
	④　ゴルフ会員権の売買に伴う仲介手数料の支払い	
	⑤　ゴルフ会員権に関する名義書換料の支払い	
	⑥　ゴルフ会員権の買取償却 **注意点** ゴルフ会員権を償却する目的で売買した場合でも、権利の消滅とはならず、会員権の売買として取り扱う	
	⑦　預託金返還請求権に基づく預託金の返還 **注意点** 債務の履行として預託金を返還しているにすぎないため、課税対象外（不課税）となる	
	⑧　ゴルフクラブに支払う年会費	

項目	具体的事例	判定 参照法令
	⑵　ゴルフ会員権の譲渡	
	①　株式、出資、預託の形態によるゴルフ会員権等の譲渡 **注意点** 個人事業者が所有するゴルフ会員権の譲渡のうち、その個人事業者が会員権販売業者である場合には棚卸資産の譲渡に該当し、課税となる また、その他の個人事業者が行う場合には、生活用資産の譲渡に該当し、課税対象外（不課税）となる	 消令9② 消基通6-2-2
	②　ゴルフ会員権の発行	
	イ　株式形態   **注意点** ゴルフ会員権の発行に関して収受する金銭については、株式形態の場合には出資金に、預託形態の場合には預り金に該当し、いずれも課税対象外（不課税）となる	
	ロ　預託形態	
	ハ　ゴルフ会員権の発行に関して収受する金銭のうち、入会金などで会員等の資格を付与することと引換えに収受するもの **注意点** プレー代、ロッカー使用料、年会費、名義書換料等も課税となる	 消基通5-5-5
広告宣伝用資産の贈与費用	⑴　得意先に対して、自社商品ブランド名又は商標等の表示を条件として、看板、陳列棚等の取得のために支払う助成金 **注意点** 広告宣伝という役務の提供の対価に該当するため、課税となる	

貸借対照表科目

項目	具体的事例	判定 参照法令
	⑵　得意先に寄附するために自社ブランド名を表示した広告宣伝用資産の購入	課
	⑶　上記広告宣伝用資産の贈与	不
長期貸付金	金銭の貸付け 注意点 貸付金の元本そのものは不課税となる なお、金銭の貸付けに伴い受け取る利息は、非課税となる	不 消法別表第二−三 消令10①
積立保険料	積立保険料の支払い	非 消法6①、別表第二−三

繰延資産

項目	具体的事例	判定 参照法令
創業費等	⑴　創立費、開業費又は開発費等となる費用のうち次に掲げるもの以外 注意点 （注１）繰延資産に係る課税仕入れ等については、その課税仕入れ等を行った日の属する課税期間において仕入税額控除の規定が適用される （注２）その者が、課税事業と非課税事業を兼業している場合において、仕入税額控除の計算につき個別対応方式を採用している場合には、「課税資産の譲渡等と非課税資産の譲渡等に共通して要するもの」に該当する	課 消法30① 消基通11-3-4
	⑵　創業費の中に含まれている給料、賃金等の支払い 注意点 創業費の中に登録免許税、印紙税等の租税公課が含まれている場合には、その金額は不課税に該当し、支払利子、保険料等が含まれている場合には、その金額は非課税に該当する	不

項目	具体的事例	判定 参照法令
新株発行費	新株の発行に伴う株券印刷費、募集費用	課
社債発行費	社債の発行に伴う社債券の印刷費、委託手数料	課
公共施設の負担金、賦課金等	(1) 公共施設の工事負担金の支払い（明白な対価関係がある場合） **注意点** 負担金、賦課金等については、その事業の実施に伴う役務の提供との間に明白な対価関係があるかどうかによって資産の譲渡等の対価であるかどうかを判定する また、その判定が困難な負担金については、国、地方公共団体又は同業者団体等が定めたところによる **判　例** 横断地下道の便益は、負担金を支払った者のみが支払っていない者に比して有利な条件で利用できるものとなっていないので、課税仕入れに該当しないとした事例 平15.6.13裁決	課 消基通5-5-6、11-2-6
	(2) 専用側線利用権等に係る負担金	課
権利金	建物（居住用以外）を賃借するために支払う権利金	課
ノウハウの頭金	ノウハウの設定契約に際して支払う一時金又は頭金等	課

流動負債

項目	具体的事例	判定 参照法令
支払手形	買掛金を支払うための約束手形の振出し	不
買掛金	(1) 営業の譲渡に伴う買掛金の譲渡 **注意点** 負債の譲渡は、資産の譲渡に該当しない	不

項目	具体的事例	判定 参照法令
	(2) 売掛金と買掛金の相殺	不
	(3) 買掛金の債務免除 注意点 仕入れに係る対価の返還等に該当しない	不 消基通12-1-7
短期借入金	金銭の借受け 注意点 借入金の元本そのものは課税対象外（不課税）となる なお、金銭の借受けに伴い支払う利息は、非課税となる	不
未払金	分割払いの契約による機械装置の購入 注意点 割賦購入の方法又はリース取引による課税資産の譲受けが課税仕入れに該当する場合には、その課税仕入れを行った日は、その資産の引渡し等を受けた日となるのであるから、その課税仕入れについては、その資産の引渡し等を受けた日の属する課税期間において仕入税額控除の規定が適用される	課 消基通11-3-2
未払税金	決算に際し、見積もり計上された未払税金 注意点 税金の計上は、資産の譲渡等に該当しない	不
前受金	商品販売に際して、代金の一部として受け取った前受金 注意点 売上げの計上時期は、商品の引渡し時点であるため、前受金を受領した時点においては課税売上げを認識しない	不 消基通9-1-1、9-1-2 消基通11-3-2
預り金	給与の支払いに際して預かった源泉税	不

項目	具体的事例	判定 参照法令
引当金	(1) 貸倒引当金の設定 **注意点** 貸倒引当金繰入額は、課税対象外（不課税）となる なお、税法上の貸倒れが発生した場合には、貸倒れに係る消費税額の控除が適用される	不
	(2) 修繕引当金、製品保証等引当金、返品調整引当金の設定	不
商品券	商品券の発行	不 消基通6-4-5
固定負債		
社債	社債の発行	不
長期借入金	金銭の借受け **注意点** 借入金の元本そのものは不課税となる なお、金銭の借受けに伴い支払う利息は、非課税となる	不
長期預り金	営業保証金の預かり	不
退職給付引当金	退職給付引当金の設定	不
純資産		
資本金	資本金の払込み	不
自己株式	株式の消却をするための自己株式の取得 **注意点** 証券市場での買入れによる自己株式の取得は、非課税となる	不 消基通5-2-9

有価証券等の種類

	分母
(1)　金融商品取引法第２条第１項に規定する有価証券（ゴルフ場利用株式等を除く）	５%を含める（国債等の現先取引を除く）
①　国債証券、地方債証券	
②　その他の特別の法律により法人の発行する債券	
③　資産流動化法に規定する特定社債券、社債券	
④　日本銀行その他の特別の法律により設立された法人の発行する出資証券	
⑤　優先出資法に規定する優先出資証券	
⑥　資産流動化法に規定する優先出資証券又は新優先出資引受権を表示する証券	
⑦　株券又は新株予約権証券	
⑧　投資信託法に規定する投資信託又は外国投資信託の受益証券	
⑨　投資信託法に規定する投資証券、新投資口予約権証券、投資法人債券、外国投資証券	
⑩　貸付信託の受益証券	
⑪　資産流動化法に規定する特定目的信託又は信託法に規定する受益証券発行信託の受益証券	
⑫　金融商品取引法第２条に規定するコマーシャルペーパー（以下「CP」という。）	
⑬　抵当証券法に規定する抵当証券	
⑭　外国債、海外CPなど外国又は外国の者の発行する証券又は証書で上記①から⑦まで又は⑩から⑬までの性質を有するもの	

⑮　外国の者の発行する証券又は証書で銀行業を営む者等の貸付債権を信託する信託の受益権又はこれに類する権利を表示するもの	
⑯　オプションを表示する証券又は証書	
⑰　預託証券	
⑱　譲渡性預金の預金証書のうち外国法人が発行するもの	
(2)　有価証券に類するもの	
①　上記①から⑫まで及び⑭（抵当証券の性質を有するものを除く。）に掲げる有価証券に表示されるべき権利で有価証券が発行されていないもの	5％を含める
②　合名会社、合資会社又は合同会社の社員の持分、協同組合等の組合員又は会員の持分その他法人（人格のない社団等、匿名組合及び民法上の組合を含む。）の出資者の持分	全額含める
③　株主又は投資信託法第２条第16項に規定する投資主となる権利、優先出資法第13条の優先出資者となる権利、資産流動化法第２条第５項に規定する特定社員又は同法第26条に規定する優先出資社員となる権利その他法人の出資者となる権利	5％を含める
④　貸付金、預金（居住者が発行する譲渡性預金証書を含む）、売掛金その他の金銭債権	売掛金（270ページ）、短期貸付金（276ページ）参照
(3)　外国為替及び外国貿易法第６条第１項第７号に規定する支払手段	含めない
(4)　国際通貨基金協定第15条に規定する特別引出権	含めない

索　引

【き】

【く】

【け】

【こ】

【さ】

【し】

【す】

【せ】

【そ】

【た】

【ち】

【つ】

【て】

【と】

【に】

【ね】

【の】

【は】

【ひ】

【ふ】

【ゆ】

【よ】

【り】

【れ】

【ろ】

【わ】

MEMO

＜執筆者一覧＞

福田　浩彦（ふくだ　ひろひこ）

群馬県生まれ。平成３年税理士登録。現在、日本税務会計学会税法部門常任委員。主な著書に『土地・建物の税金でトクする法』（日本実業出版社)、『所得税の実務』（TAC出版)、『事業承継対策のリスクと対応』共著（新日本法規)、『よくわかる相続』監修（日本経済新聞出版）などがある。

相澤　博（あいざわ　ひろし）

新潟県生まれ。昭和60年税理士登録。現在、東京丸の内において税理士法人を経営。主な共著書に『消費税実務処理の手引き』『資産税実務取扱全書』（日本実業出版社）などが、著書に『会社を潰すダメな節税 会社を生かす賢い節税』（TAC出版）がある。

二宮　良之（にのみや　よしゆき）

神奈川県生まれ。平成21年税理士登録。税理士実務の傍ら、TAC税理士講座及び税務実務講座にて消費税法を担当。

＜編集協力＞

株式会社プロフェッションネットワーク

消費税課否判定要覧　第5版

2011年3月10日　初　版　第1刷発行
2023年9月30日　第5版　第1刷発行

著　　者　TAC株式会社
発行者　多田敏男
発行所　TAC株式会社　出版事業部（TAC出版）
〒101-8383
東京都千代田区神田三崎町3-2-18
電話 03（5276）9492（営業）
FAX 03（5276）9674
https://shuppan.tac-school.co.jp

印　　刷　株式会社　ワコー
製　　本　株式会社　常川製本

ISBN 978-4-300-10350-0
N.D.C. 345

(2021年7月現在)

書籍のご購入は

1 全国の書店、大学生協、ネット書店で

2 TAC各校の書籍コーナーで

資格の学校TACの校舎は全国に展開!
校舎のご確認はホームページにて

資格の学校TAC ホームページ
https://www.tac-school.co.jp

3 TAC出版書籍販売サイトで

TAC 出版 で 検索

24時間ご注文受付中

https://bookstore.tac-school.co.jp/

新刊情報をいち早くチェック!

たっぷり読める立ち読み機能

学習お役立ちの特設ページも充実!

TAC出版書籍販売サイト「サイバーブックストア」では、TAC出版および早稲田経営出版から刊行されている、すべての最新書籍をお取り扱いしています。
また、無料の会員登録をしていただくことで、会員様限定キャンペーンのほか、送料無料サービス、メールマガジン配信サービス、マイページのご利用など、うれしい特典がたくさん受けられます。

サイバーブックストア会員は、特典がいっぱい!(一部抜粋)

通常、1万円(税込)未満のご注文につきましては、送料・手数料として500円(全国一律・税込)頂戴しておりますが、1冊から無料となります。

専用の「マイページ」は、「購入履歴・配送状況の確認」のほか、「ほしいものリスト」や「マイフォルダ」など、便利な機能が満載です。

メールマガジンでは、キャンペーンやおすすめ書籍、新刊情報のほか、「電子ブック版TACNEWS(ダイジェスト版)」をお届けします。

書籍の発売を、販売開始当日にメールにてお知らせします。これなら買い忘れの心配もありません。

書籍の正誤に関するご確認とお問合せについて

書籍の記載内容に誤りではないかと思われる箇所がございましたら、以下の手順にてご確認とお問合せをしてくださいますよう、お願い申し上げます。
なお、正誤のお問合せ以外の**書籍内容に関する解説および受験指導などは、一切行っておりません。**
そのようなお問合せにつきましては、お答えいたしかねますので、あらかじめご了承ください。

1 「Cyber Book Store」にて正誤表を確認する

TAC出版書籍販売サイト「Cyber Book Store」のトップページ内「正誤表」コーナーにて、正誤表をご確認ください。

CYBER BOOK STORE TAC出版書籍販売サイト

URL:https://bookstore.tac-school.co.jp/

2 1の正誤表がない、あるいは正誤表に該当箇所の記載がない ⇒ 下記①、②のどちらかの方法で文書にて問合せをする

★ご注意ください★

お電話でのお問合せは、お受けいたしません。
①、②のどちらの方法でも、お問合せの際には、「お名前」とともに、
「対象の書籍名(○級・第○回対策も含む)およびその版数(第○版・○○年度版など)」
「お問合せ該当箇所の頁数と行数」
「誤りと思われる記載」
「正しいとお考えになる記載とその根拠」
を明記してください。
なお、回答までに1週間前後を要する場合もございます。あらかじめご了承ください。

① ウェブページ「Cyber Book Store」内の「お問合せフォーム」より問合せをする

【お問合せフォームアドレス】

https://bookstore.tac-school.co.jp/inquiry/

② メールにより問合せをする

【メール宛先　TAC出版】

syuppan-h@tac-school.co.jp

※土日祝日はお問合せ対応をおこなっておりません。
※正誤のお問合せ対応は、該当書籍の改訂版刊行月末日までといたします。

乱丁・落丁による交換は、該当書籍の改訂版刊行月末日までといたします。なお、書籍の在庫状況等により、お受けできない場合もございます。
また、各種本試験の実施の延期、中止を理由とした本書の返品はお受けいたしません。返金もいたしかねますので、あらかじめご了承くださいますようお願い申し上げます。

(2022年7月現在)